EL SECRETO DE LA MUJER EMPODERADA

EL SECRETO DE LA MUJER EMPODERADA

Guía fácil para sanarte y recuperar tu equilibrio emocional.

ALIRIA BETANCUR E.

EL SECRETO DE LA MUJER EMPODERADA.

Queda prohibido escanear, reproducir total o parcialmente esta obra por cualquier medio o procedimiento, así como la distribución de ejemplares mediante alquiler o préstamo público sin previa autorización.

PROLOGO

Hace ya veinte años, por la sincronía del universo y la voluntad de Dios, llegó a mi vida una mujer que ha sido y sigue siendo mi maestra en mi crecimiento personal y mi transformación.

Y hoy a través de este libro "El Secreto de la Mujer Empoderada", ella también llega a tu vida y si tú se lo permites y si tu alma está dispuesta ella será tu inspiración como lo ha sido la mía.

Ella es Aliria Betancur Echeverry o Aly como le digo cariñosamente.

Una mujer que llega a este mundo en un hogar común, con las mismas fortalezas y debilidades que tal vez tú has vivido en el tuyo, pero que su fuerza interior y su sabiduría han hecho de ella un ser excepcional.

Aly es la expresión de lo que somos y no somos, de lo que anhelamos y tememos. Ella ha recorrido caminos escabrosos y complejos como suboficial en el Ejército de Colombia, como enfermera en el pabellón de niños quemados en el Hospital Infantil de Manizales, como Pedagoga Reeducadora y Especialista en Farmacodependencia en la Comunidad Terapéutica de los Terciarios Capuchinos y como inmigrante, hace ya más de 10 años, en busca de atención especializada para su hijo.

Caminos matizados de llanto y alegría, amargura y dulzura, oscuridad y luz. Decidió, jamás ser víctima, en ello ha radicado su sabiduría, decidió ser la mujer empoderada que ha crecido con cada situación de la vida y hoy quiere, desde su corazón y su misión ayudarte a ti, bella mujer, a ver la vida desde una óptica más clara, obsequiándote además herramientas sencillas que podrás colocar en práctica y así transformar tu propia existencia y la de los que te rodean.

Espero que disfrutes este viaje de la mano de este Ángel terrenal llamado Aliria, viaje que no es de ensoñación sino de vivencia plena, que lo hagas pausada y conscientemente para ser cada día "Una Mujer más Empoderada"

Dora Ines Aristizabal A.

NOTA AL LECTOR

"Si este libro ha llegado a tus manos quiere decir que mi propósito va por buen camino"

Pretendo a través de este libro el cual está escrito con todo mi amor y con un lenguaje sencillo, entregar una guía práctica y accesible para cualquier persona que guste leerlo, encaminado hacia la restauración y sanación de sus heridas emocionales que logren a su vez la identificación y potencialización de sus recursos internos que le lleve a su plenitud y bienestar emocional.

Estoy convencida que al leer hasta la última línea de estas páginas cuyo contenido está escrito con la pureza de mi corazón, con mi alma cargada de diversos sentimientos, con la sabiduría y los aprendizajes que la vida me ha dejado durante estos maravillosos 50 años; se encontraran con un modo diferente de ver las cosas, podrán observar los distintos matices que les ofrece su entorno desde una perspectiva más amplia, permitiéndole al mismo tiempo disfrutar de todo lo que les ofrece esta vida hermosa.

Aunque va dirigido especialmente a las mujeres quienes precisamente han sido mi inspiración, tomando a mi madre y hermanas como punto de partida, pasando por todas las mujeres que he encontrado en mi camino, hasta las más recientes que han llegado a mis escenarios conversacionales que me han regalado un poquito de sus historias de vida; bien sea en consulta, en una conversación casual detrás de una taza de café o simplemente las que en una sala de espera me entregan su confianza seguido de una sonrisa como señal de gratitud por haber sido escuchadas. Es así como he considerado que las mujeres en cierto modo somos "la célula viva de la sociedad y cuando hago mención acerca de la mujer como" célula viva de la sociedad" me refiero al papel que desempeñamos como las primeras maestras, cuidadoras y proveedoras de afecto sin enlistar las tantas funciones que realizamos en pro de la crianza de los niños, aquellos que posteriormente son insertados a la sociedad reflejando en ella todo lo recibido en su primera escuela llamado hogar.

Obviamente no quiero restarle importancia al rol protagónico que juega el hombre en la misma pues ellos también tienen su propia historia, también florecen, también potencializan su recursos internos y también se pueden nutrir y aprender de estas humildes paginas.

Que hay entonces de esa mujer exhausta, drenada, inconforme, ¿con muchas heridas en su corazón? Con esa capacidad de amar, de entrega permanente, multifuncional con grandes vacíos y dolor existencial?

Es precisamente mi propósito que quien lea este libro empiece a generar cuestionamientos e inquietudes a través de unos campos temáticos que les llevará a identificar sus miedos, sus limitaciones que aniquilan y sabotean la consecución de sus sueños , encontrarán importantes temas que les brindara herramientas para ayudarse a sanar , restaurar sus heridas, liberarse de culpas y reconciliarse con su pasado; encontrarán ejercicios, técnicas sencillas y aplicables desde la cotidianidad permitiéndoles abrir los caminos del empoderamiento, la fe y la confianza en la materialización y transformación amorosa de los sueños por los que ha estado esperando toda su vida.

ÍNDICE

EL SECRETO DE LA MUJER EMPODERADA

E s una guía práctica y sencilla que puede ser de gran ayuda a nivel personal el cual incluye ejercicios y técnicas terapéuticas que facilitan la elaboración y liberación de cargas emocionales que hacen del diario vivir un trayecto difícil y en ocasiones desesperanzador impidiendo vivir la vida de manera fácil y placentera.

Es por eso que he decidido compartir con ustedes mi historia de vida la cual ha sido marcada por innumerables vivencias y acontecimientos en diferentes escenarios acompañados de sus propias crisis y aprendizajes.

Fue como después de cumplir mis 50 años de edad; entre en un tiempo de reflexión y de retrospección sobre aquellos aprendizajes que he ido adquiriendo en el trayecto de mi de existencia, sobre todo después de llegar a un país completamente extraño, con mi maleta mental provinciana cargada de sueños, los que poco a poco se fueron desvaneciendo frente al enorme gigante de mis miedos. Fui llegando a un estado en el que pensé que no podía, que ya no tenía el coraje para poner en marcha mis propósitos, el estar anclada en asuntos no resueltos de mi pasado, el sentirme desmerecedora por mi condición de inmigrante influía desfavorablemente en mis motivaciones, mis acciones estaban encaminadas al ¡cumplir con el deber!.. ¡Cumplir con el que hacer! ¡Hacerle la vida más fácil a los que me rodeaban! bien fuera mi familia, mis amigos, mis compañeros de trabajo e incluso podía ser una persona extraña que se cruzara en mi camino me sentía con el deber de aligerarle sus cargas, pero nunca me quejé de estas acciones al contrario era gratificante para mi sentirme útil y recibir una sonrisa espontánea como recompensa. Aunque no me estaba dando cuenta que mis cargas estaban cada vez más pesadas, que mi caminar estaba mucho más lento, que la salud ya me estaba pasando su cuenta de cobro porque no me estaba dando el tiempo para escuchar mis necesidades y separarlas de mis deseos, ni para pensar detalladamente en la diferencia entre el amor propio y el replanteamiento de lo necesario; tampoco me tomaba tiempo para escuchar el ruido que hacían mis pensamientos alojándose en mi visión y en mis creencias que era necesario retirarme para escucharlos, que también tenía que hablarles seriamente y proceder a romper con esos viejos patrones mentales que no aportaban nada en mi crecimiento.

Por consiguiente aprendí que el amor, la gracia de Dios, la gratitud y la reconciliación conmigo misma fueron ese punto de partida para rescatar mis insumos internos, fortalecerme hacia la consecución de mis sueños sobreponiéndome ante la adversidad, vaciar mi equipaje emocional, reinventarme y sentir que la vida me estaba mostrando el camino correcto. Por consiguiente he decidido compartir con ustedes paso a paso ese proceso Resiliente que me llevó a mi Empoderamiento y a empoderar a las mujeres que así lo desean.

Aliria Betancur E.

Aliria Betancur E.

CAPÍTULO I:

A LA VANGUARDIA DE MI EMPODERAMIENTO.

*"Un pájaro posado en un árbol nunca tiene
miedo de que la rama se rompa,
Porque su confianza no está en la rama sino en sus propias alas".*

Adah. Vigo

Fue a comienzos de primavera cuando una mañana me levanté con ganas de hacer cambios en mi vida; con deseos de reinventarme, de empoderarme y digo empoderarme con todo el énfasis que le doy a esta palabra que brota desde el centro mi ser; porque es una palabra que resuena conmigo, con la que yo siempre me he identificado y la que me inspira día tras día. Aquella mañana después de haber tenido una noche intranquila donde escasamente había dormido 2 horas al tiempo que miraba con preocupación el rostro cansado

17

y desgastado de mi esposo, quizás era lo visible de esos invisibles sentimientos que no se atrevía a exteriorizar como el enojo y el cansancio al ver que sus días pasaban de manera acelerada expuesto a largas jornadas de trabajo, mal remunerado y el poco reconocimiento al valor agregado en sus funciones laborales, me bastaba con darle un reconfortante abrazo y en silencio besar suavemente sus manos agitadas y lastimadas. En fin fue así como esa mañana me levanté, me detuve frente a la ventana mientras disfrutaba de una humeante taza de café con su exquisito aroma a tostado que trae a mi memoria aquellas mañanas frescas con olor a montaña, a tierra fértil, a fogón de leña; y mientras lo deleitaba sorbo a sorbo observaba con entusiasmo ese Sol naciente, que majestuosamente iba asomándose entre las nubes rompiendo sigilosamente los últimos instantes de oscuridad, abriendo paso a una gama de amarillos dorado, amarillos rubí, y tintes rojizos. Yo sentía que ese sol penetraba en mis pupilas y me decía "aquí estoy, aquí te estoy mostrando el panorama, aquí te estoy trazando el camino". Yo sentía como si me estuviera confrontando y que me afirmara: "Así como yo me estoy levantando con toda la impetuosidad después de una larga y oscura noche, tú también te puedes levantar, y lograr lo que quieres, aquello que has venido anhelando durante tanto tiempo".

De repente, después de esa inmersión mañanera algo sucedió... inicié con un diálogo interno preguntándome: bueno Aliria ¿si alguien llegara en este momento a contarte respecto a una situación de anquilosamiento emocional por la que está pasando; además de unos estados displacenteros que está experimentando qué harías? ¿Qué le podrías aconsejar?, ¿Tú qué le dirías al respecto? Si esa persona te dijera "me siento estancada... Siento que mis sueños no fluyen... mis días no son tan gratificantes como yo quisiera ; sin motivaciones suficientes que me edifiquen y me permitan hacer algo por mi vida". Tu ¿qué le dirías a esa persona? Ufff... eso fue como una bofetada a mano abierta que me hizo reaccionar a lo que me respondí: "Aliria, lo primero que te preguntaría es: ¿tú qué quieres hacer?, y seguido quiero que pienses en detalle ¿cuál es tu pasión?, ¿qué es lo que más te gusta hacer?, ¿a dónde quieres llegar? y ¿cómo vas a hacer para llegar allí?" fue un bombardeo de cuestionamientos que me obligaron a deliberar una y otra vez ese diálogo que estuvo resonando en mi cabeza todo el día, como si estuviese ensayando el libreto de una obra de teatro tal como solía hacerlo en mi época de colegio al memorizar los guiones de las obras literarias en las que me encantaba participar.

Se me hizo necesario detenerme un poco y recordar el tiempo cuando llegué a este país motivada y maravillada por todo lo que había escuchado en relación al País de las oportunidades, emocionada por todas posibilidades de desarrollo y autorrealización que vendrían a mi encuentro. Llegar con mi maleta provinciana cargada de sueños, de promesas, cargada de recuerdos, de besos, cartas con mensajes prometiendo un pronto reencuentro, lágrimas, despedidas y la última mirada de mi madre con su llanto camuflado en una tenue sonrisa quien quedamente enviaba sus bendiciones mientras su figura se iba alejando de mi vista cargada de lágrimas.

Fue así como al llegar me confronté con una cultura completamente diferente, unos modos de actuar y de ver el mundo absolutamente desconocidos para mí. Pero también recordaba cómo al ingresar al área de control después de largas horas de espera con un interrogatorio abrumador por parte de agentes de Inmigración y Control de Aduanas con su actitud frívola y displicente me anuncian "usted ha sido elegida aleatoriamente para un control rutinario de seguridad", me sentía señalada e injustamente sospechosa de no se qué, no entendía porque lo hacían, con un interrogatorio intimidante para luego pasarme por una cámara de rayos X .Requisaron mi equipaje una y otra vez y lo trataron sin ningún tipo de cuidado, dejando mis pertenencias expuestas en el piso; esta fue mi desagradable experiencia como extranjera; ahora lo que más desconcertante fue esa sensación que tuve en el momento mismo que pisaba territorio Norteamericano, fue algo así como si hubiese entrado a esta gran Nación pasando inclinada por debajo de una banda imaginaria con una impronta "Tú aquí entras en nivel cero"; de tal modo que títulos, estatus, experiencia, estilo de vida quedaron allí ficticiamente suspendidos.

Después de ese incómodo momento literalmente mi vida empezó desde cero; el enfrentarme a la nueva realidad de una vida que tenía idealizada; implicó observar con asombro y mucho miedo las complejidades que acompañaban la adaptación a un nuevo país, a un nuevo idioma, el hacer mi duelo migratorio que me llevó a sentirme inmersa en una turbulencia de emociones. Para empezar a enumerar una de las primeras limitaciones fue encontrarme en una ciudad sin transporte público y me refiero a la ausencia total de trenes y buses donde escasamente había la posibilidad de un taxi cuyo servicio estaba limitado a ser programado entre 12 y 24 horas de anticipación. Estas condiciones obligan a sus habitantes a tener su propio carro; ahora ya se podrán imaginar mis condiciones de vida, recién llegada sin dinero, sin tener la claridad de cual era mi ubicación, tratando de comprender la estructura de sus calles direcciones y nomenclaturas, haciendo largas caminatas con mapa en mano que me permitiera ampliar la búsqueda, el reconocimiento del área y la identificación de centros de servicios comunitarios.

Y mientras me iba familiarizando con el área, con sus calles y sus códigos de movilización peatonal, las visitas a la biblioteca pública eran cada vez más frecuentes por sus cómodos accesos al internet y a la lectura de libros en lo que invertía gran parte de mi tiempo; también me iba enfocando el ciento por ciento en el cuidado de mi hijo, en el acompañamiento de su proceso de adaptación, aprendizaje de un nuevo idioma y de su tratamiento médico. Justo aquí fue donde se dio el comienzo de mis primeros desafíos como fue la búsqueda incesante de organizaciones o fundaciones que le dieran continuidad al tratamiento médico-quirúrgico que requería mi hijo; implicó tocar puertas, elaborar discursos que moviera corazones y activaran reacciones filantrópicas. Después de obtener una larga lista de fundaciones y clínicas especializadas en cirugías plásticas reconstructivas; fueron muchas las solicitudes escritas que fueron enviadas con determinación y con un poco de temor al mismo tiempo, lo que si tenía ¡bien claro! era que iba a recibir muchas respuestas negativas pero mi optimismo reafirmaba el éxito de mi propósito no dándome por vencida en el trayecto. Efectivamente pasó que detrás de muchas respuestas negativas de las cuales perdí la cuenta y de las innumerables solicitudes que fueron rechazadas, también corrí con el beneficio de recibir orientación que me mostraba un panorama de posibilidades por donde me podía encausar. Hasta que por fin una Trabajadora Social en California quien recibió una de mis solicitudes escritas dio respuesta a mi búsqueda de manera ¡humana y comprensiva! permitiendo que mis pensamientos se recargaran con una mirada más esperanzadora y confiada de lo que estaba por venir; ella me dio a entender que comprendía perfectamente lo que yo estaba buscando y me acompañaba desde el amor de madre quien a su vez me exhortó a no abandonar mi búsqueda bajo ninguna circunstancia, se tomó el tiempo para indicarme los pasos uno a uno que debía seguir; y hacia donde quienes me podía dirigir. Este comienzo para mí fue uno de mis primeros y grandes logros; quiero confesarles que fue necesario alimentar mi Fe en lo que estaba haciendo y confianza absoluta en lo que podía lograr. Recuerdo como discurrí para redactar esas cartas en inglés (jajajaja...) me apoyé de algunos modelos de cartas de solicitud en inglés por internet; las que fueron adaptadas de acuerdo a las necesidades particulares de mi hijo, traduje los diagnósticos y busque los códigos médicos por cada detalle de su información médica a fin de que fuera clínicamente lo más completa y comprensible para quien recibiera mi petición. Realmente no supe cómo se fueron dando las cosas, porque tuve momentos de duda y confusión llegando incluso a dudar de los posibles resultados... pero finalmente lo hice!

Pese a tantos propósitos que tenía en mente al mismo tiempo; mi energía estaba enfocada en el tratamiento y el acompañamiento del proceso de desarrollo y adaptación de mi hijo, con acciones encaminadas al fortalecimiento de su autoestima y el afianzamiento de sus habilidades comunicativas. Fue la estructuración de una especie de actividades reeducativas que le facilitaran acomodarse a un ámbito social y educativo aunque nos encontramos con un medio más protectivo e incluyente, muy distinto a las condiciones en las que él estaba inmerso en nuestro país; donde la falta de tolerancia, el irrespeto, la burla y el rechazo eran situaciones cotidianas con las que él tenía que enfrentarse en su diario vivir, viéndose lastimado y expuesto al acoso estudiantil a pesar de su corta edad, todo esto había generado un impacto desfavorable en cuanto al modo en como él se autopercibía e interactuaba con su entorno. Me sentía en la necesidad constante de protegerlo y mantenerlo al margen de las miradas indiscretas de un mundo aún desconocido para mí, encontrándome en la disyuntiva entre protegerlo y permitir su confrontación ante su nueva realidad; era una constante lucha como el de enseñarle a atacar sus complejos o permitir que estos lo dominaran, buscando siempre como justificar mi constante presencia en su vida, creo que era más desde mis miedos que los de mi hijo mismo; que pretendían estar allí con la idea de apoyarle y darle contención emocional en caso de que lo necesitara.

Efectivamente, para estar más cerca de él y conocer el mundo donde se encontraba, me involucré como voluntaria en la escuela donde él asistía con dos propósitos al mismo tiempo; si bien estaba entregada completamente al acompañamiento de mi hijo, aun así no dejaba de lado los planes personales que había trazado para cumplir con mis sueños, considerando que podría ser mis primeras acciones correspondientes a la búsqueda de posibilidades para crecer y avanzar; puesto que mis sueños estaban allí vivos y palpitantes aún. En ese lugar empecé a desarrollar actividades de apoyo pedagógico para niños con necesidades educativas especiales al tiempo que elaboré la propuesta de un programa de talleres para madres en condición de vulnerabilidad encaminado a la identificación de destrezas y habilidades que permitiera la potencialización de sus recursos internos, facilitando sus procesos de adaptación y empoderamiento. Y esta propuesta nació después de varios meses de observación e involucramiento en este contexto tanto de la población infantil como con sus madres quienes en su mayoría eran inmigrantes con historias de vida acompañadas de dolor y el sinsabor de la carencia de buenas oportunidades laborales bien sea por sus status migratorio, por las limitaciones del idioma, por su nivel académico o sencillamente porque no tenían quien cuidara de sus pequeños, mujeres con un corazón noble y valiente; con inmensa capacidad de amar, ignoradas y muchas de ellas maltratadas. Por consiguiente se gestó un programa muy interesante con una respuesta positiva por parte de la comunidad latina como se refería Simone Beauvoir: *"La mujer no nace, se hace"*, se dio inicio a tertulias formativas e informativas donde nos permitíamos conversar, comer, aprender, desaprender y a través de nuestras historias reconocernos en unidad lo que somos y lo que podríamos construir juntas; la idea era romper las cadenas del miedo y del silencio. De este modo fue como me fui integrando en los ámbitos de la comunidad buscando diferentes maneras de darme a conocer y posicionarme paso a paso teniendo en cuenta mis conocimientos y experiencia con grupos de habla Hispana; realmente me sentía satisfecha con mis actividades; mis rutinas estaban enfocadas a estar con mis brazos abiertos para dar, del mismo modo como estaban abiertos para recibir; porque en cierta manera me sentía en deuda con Dios y la vida misma por todos los beneficios que estaba recibiendo y los que estaban por venir. Me registré en una academia de inglés donde tomaba clases todos los días lo que implicó un nuevo desafío para mí y a su vez una manera de ampliar mi panorama de posibilidades en la medida que aprendiera el nuevo idioma. Empecé a identificar las redes de apoyo que había en la comunidad con las que yo creía que me podría vincular para aprender lo necesario, a la vez que facilitara mis procesos de adaptación en este nuevo contexto.

Y mientras continuaba con mis labores de Voluntariado en el horario regular y después de escuela con los niños en apoyo pedagógico; semanalmente se llevaba a cabo reuniones con un grupo de mujeres, tales espacios eran denominados "café-conversatorios" con temas relacionados con Pautas de Crianza Positiva .Yo lo disfrutaba realmente, sin embargo no me daba cuenta que iba entrando en un periodo de desgaste y drenaje emocional, que lentamente se acomodaba de manera silenciosa en mis emociones. Era frustrante ver cómo pasaban enfilados los días y yo salía a trabajar con mis labores de voluntariado en pro de la comunidad, de las mujeres, de los niños; pero mis condiciones financieras eran muy limitadas aunque desde mis creencias pensaba que no estaba bien andar quejándome cuando me encontraba en deuda con un País que nos había ofrecido tanto, que nos había abrazado generosamente ayudándonos con el tratamiento médico-quirúrgico de mi hijo; lo que debería ser "suficiente" para sentirme afortunada. En lo que no me estaba percatando era que estaba negándome de manera inconsciente a la posibilidad de recibir los regalos que la vida tenía reservados para mí, pero mientras yo no lo hiciera consciente distraía mi atención impidiendo la percepción de los mismos; alimentando pensamientos de conformismo, o quizás de desmerecimiento; los cuales automáticamente emitían una información que reflejaba esas *creencias limitantes* al mismo tiempo regresaban a mí atrayendo situaciones y personas otorgándoles el poder de tomar el control de mi vida dada mi condición de inestabilidad y de vulnerabilidad me ofrecían "ayuda" incondicional, promesas que me llevaron a vivir falsas ilusiones, repitiendo el patrón de dar todo a cambio de nada (promesas), confiar sin ningún tipo de garantía pero ahí me encontraba entre la disyuntiva de dar o agradecer y en realidad lo que estaba admitiendo era pasar malos ratos en el momento que cedí el paso a las manipulaciones, tornándome susceptible frente al chantaje; dejando de lado el defender mis derechos y la toma de decisiones . Aun así resignadamente pensaba que todo era parte del proceso aunque sobrevinieran episodios de frustración, de dolor y profunda tristeza. No obstante nunca renunciaba a mis sueños pues siempre estaban cargados de optimismo aunque el desánimo apareciera eventualmente de manera abrupta no dejaba de alentarme con frases reafirmantes como: *"Esto también va a pasar"* o *"Esto es transitorio"* a pesar de las múltiples decepciones aún conservaba la confianza y la credibilidad en las personas que mostraban una posibilidad para ayudarme a avanzar, a crecer, a resurgir y a encontrar las oportunidades que andaba buscando para continuar con mi proyecto de vida.

Con el tiempo me fui aferrando a mis miedos, sentí que se iba desdibujando ese mapa de sueños mental que yo me había elaborado con tanta ilusión. Mientras tanto, mis objetivos ya no eran una prioridad se iba apoltronando en mí una sensación de estancamiento enfocándome en las diferentes maneras de complacer a los demás, cubrir sus intereses, sus necesidades egocéntricas; a fin de pagar por adelantado la oportunidad que estaba por venir. Fue así como esa "gota a gota" consolidaba mi pesadumbre y desaprobación ante una situación que la veía cada vez más desesperanzadora.

Todos esos acontecimientos se me venían a mi mente de manera vertiginosa esa mañana de primavera en la que me encontraba ensimismada haciendo una mirada retrospectiva frente al tiempo que llevaba en este país y de repente sentía que pese a tantas acciones y gestiones no había hecho nada que le diera verdadero sentido a mi vida; estaba decidida de darle un giro, quería despertar, era tiempo de hacer un cambio ya la vida me había puesto en unas situaciones bien incómodas, y ya no quedaba otra opción más que emerger de allí donde estaba. Pues me encontraba en una situación donde no era feliz, reconocí que estaba en una condición de negación tratando de hacer múltiples esfuerzos para que las cosas funcionaran; pero tenía que reinventarme para alinearme con las cosas que realmente quería y esa era una tarea que necesitaba revisar con detalle;

pero no sabía cómo hacerlo porque me sentía atascada, creía que estaba envuelta y acomodada en la masa de los conformistas. Definitivamente, fue como si hubiese desaparecido esa mujer que se caracterizaba por el optimismo, la alegría, extroversión, y emprendimiento. Algo había pasado que no lograba entender ¿qué fue lo que me había llevado a paralizarme?, impidiendo seguir mi marcha porque siempre me estaba moviendo de un lado a otro en la búsqueda de algo que me ayudara a avanzar. También recordaba cómo frecuentemente ingeniaba una que otra estrategia que me permitiera hacer de la situación que estuviera viviendo algo mágico desde el optimismo la creatividad y el buen sentido del humor; planeaba actividades, trataba de generarle chispa a todas las circunstancias. Yo sabía que algo bueno venía en camino sin embargo, justo en ese tiempo no sabía cómo hacerlo.

Lo que si tenía claro era que esto también tenía que pasar. ¿Cuándo? No lo sabía; pero estaba convencida que algo bueno venía en camino aunque los pensamientos de derrota me saboteara constantemente.

Mientras yo no cambiara mi forma de pensar, sentir y actuar seguiría repitiendo las mismas experiencias; era el momento de darle alas a la creatividad que cambiara mi *"chip"* que me llevara a ver las cosas desde otra perspectiva, abrirme a recibir y ponerle valor a lo que sabía y que a su vez me permitiera abrir caminos al bienestar; ampliar mi lista de contactos que pasarían a ser prospectos o facilitadores en la consecución de lo imposible, sentir lo intangible y que pudieran convertirse al mismo tiempo en mis guías, de mi confusa marcha. Algo si tenía ¡bien claro! Y era que yo estaba dispuesta a salir de esa fase en la que me encontraba; porque una de mis motivaciones estaba allí mi hijo quien me observaba constantemente con esa dulce mirada esperanzadora y confiada además quería ser su inspiración o por lo menos un punto de referencia del cual apoyarse en su vida futura. Empecé a recrear mis metas y confiar en que cualquier cosa que imaginaba podía ser posible; solo era necesario pensar en las veces que logré lo que me había propuesto aunque hayan sido logros pequeños pero que valieron la pena, estos pensamientos fueron un *"reset"*; el comienzo para iniciar mi despegue de la Zona de Confort donde me había apoltronado .

HISTORIA DEL AGUILA REAL

Hubo una vez en una lejana aldea un hombre se encontró un huevo de águila, lo tomo en sus manos y se lo llevo para ponerlo en el nido bajo una gallina de corral. Allí el ave fue incubado y creció junto con la nidada de pollos. Durante toda su vida, el águila hizo lo mismo que hacían los pollos, pensando que era un pollo. Escarbaba la tierra buscando gusanos e insectos piando y cacareando. Incluso sacudía las alas y volaba por el aire unos cuantos metros igual que los pollos. Después de todo ¿no es así cómo vuelan los pollos?

Pasaron los años y el águila se hizo vieja. Un día diviso muy por encima de ella en el límpido cielo, una magnifica ave que volaba imponentemente por entre las corrientes de aire, moviendo apenas sus poderosas alas doradas.

La vieja águila miraba asombrada hacia arriba "¿Qué es eso?" pregunto a una gallina que estaba junto a ella "Es el águila, el rey de todas las aves" respondió la gallina.

Pero no pienses en ello. "Tú y yo somos diferentes de él". De manera que el águila no volvió a pensar en ello. Y murió creyendo que era un ave de corral.

1. ¿Te dice algo este cuento?
2. ¿Con que personaje del cuento te has identificado?
3. ¿Si pudieras cambiar parte de este cuento, que cambiarias?
4. ¿Alguna vez has llegado a compararte con alguien que te inspira?
5. Has una lista de las cualidades y fortalezas de la persona que te inspira y revisa cuales de ellas tu posees y que están siendo desaprovechadas.
6. ¿Quién eres? Y ¿Quién quieres ser?
7. Tú puedes crear tu propia historia! Crecer y vivir con una actitud positiva para crear tu mejor versión.

CAPÍTULO II:

CONFIAR EN EL PROCESO.

"La idea no es ser mejor que otras mujeres,
Pero sí; ser mejor de lo que Yo era antes "

Muchas veces nos lamentamos, criticamos, nos comparamos; enfocando la mirada hacia abajo o estamos tan distraídas con nuestra amargura y pesimismo que las oportunidades pasan por nuestro lado y no nos damos por enteradas. Así me encontraba durante un lapso de tiempo donde me apoltroné en un estado de malestar; criticando, quejándome y asumiendo el papel de víctima con un serial de interrogantes: ¿Porque a mí?, ¿Porque es que siempre se aprovechan de mí?, ¿Porque tanto egoísmo?

No obstante, durante ese periodo el cual me encontraba que podría denominar como *Zona de Confort* se fueron cruzando en mi camino personas muy significativas que marcaron pauta en mi caminar algo así como "ángeles terrenales". Esas personitas fueron como esa bitácora que me mostraban el camino que me llevaban hacia nuevas posibilidades; personas llenas de amor, de sabiduría que disponían de su tiempo, de sus experiencias como inmigrantes; Esas personas que además de abrir las puertas de sus hogares, también abrieron las puertas de sus corazones, creando unos lazos de amistad muy fuertes; quienes se fueron convirtiendo en ese piso de apoyo que necesitaba para sostenerme y restaurar la confianza que se había debilitado, quienes escuchaban con atención mis proyectos, me brindaban su confianza y credibilidad desde sus capacidades y limitaciones; estaban dispuestas a llevarme a los lugares y a las personas que podrían ser parte del comienzo, de una nueva historia y de un *"nuevo despertar"*. Es cierto que nosotros tenemos esa capacidad de acomodarnos y acercarnos poco a poco al dolor o a las situaciones que nos llevaron a un estado de inmovilidad; pero me refiero a esa inmovilidad mental ante situaciones de estrés que cortan la capacidad creativa y nos impide cuestionar y reaccionar; era justo lo que yo estaba experimentando.

Era el momento preciso para cambiar de actitud y las circunstancias entendiendo que era yo quien sostenía ese círculo vicioso y quien asumía la victimización de mis preocupaciones, conformismo y esa adaptación constante al malestar que me alimentaba día a día. Esa creencia de desmerecimiento que yo había comprado o quizás había conservado durante el trayecto de mi vida, probablemente desde mi infancia y no me había percatado de ello, lo que me impulsó a tomar acción.

El primer paso (antes de saber lo que quería hacer, y hacia donde quería llegar) fue identificar mi *Zona de Confort* que me ayudara a expandir la fronteras que me llevaran a abrir puertas cerradas y buscar las oportunidades que no eran visibles ante mis ojos. Para ello fue importante tener claro que solo saliendo de esa *zona de confort* podría buscar lo que tanto anhelaba, y podría identificar lo que realmente yo creía que tenía para salir de allí. El comienzo de ese cambio fue identificar el potencial infinito que hay en mi ser, fijé internamente mi mirada para rescatar esa mujer creativa, para dirigir mi mente hacia la conquista de mi propio corazón y llevarlo por la senda de la felicidad, no solo siendo la actriz principal de mi vida sino la libretista de mi propio destino; fue así como rescaté las habilidades artísticas que tenía reposando en mi corazón. Me percaté que cada vez que lucía mis accesorios artesanales típicos de mi país, estos no pasaban desapercibidos ante la mirada maravillada de quienes contemplaban sus diseños , su colorido y originalidad ; tomé como iniciativa un proyecto que desde mi creatividad e inspiración me generara ingresos, me dediqué al diseño de accesorios con materiales ecológicos (¡waw! eso era una sensación), los cuales yo elaboraba con material reciclado o materiales naturales como semillas, piedras naturales, cáscaras de naranja, granos de café, madera y escamas de pescado entre otros materiales. Eso sonaba muy interesante y recuerdo con gratitud cómo muchas de mis amigas se unieron a mi proyecto y me ofrecían sus accesorios algunos rotos, o simplemente los que ya no usaban, y era así como los reciclaba, reusaba y rediseñaba. Admito que fue una iniciativa que tuvo muy buena acogida tanto en el mercado Anglosajón como en el Latino; quienes admiran y valoran las creaciones hechas a mano. Mis accesorios fueron exhibidos en Festivales y Exposiciones de temporada; semanalmente me instalaba en una *"fleamarket"* (mercado tradicional o popularmente denominado mercado de las pulgas; donde los fines de semana se reúnen pequeños comerciantes para vender sus productos) y así me mantuve por algunos años.

Gracias a esa iniciativa me compré mi primer carro y aportaba para los gastos del hogar. Eso me hacía creer que todo es posible, que todo lo que me proponía con pasión y disciplina lo podía conseguir; me sentía orgullosa de mí y de mis logros que me estaban sacando de esa pasividad y de ese estado de conformismo que me tenía en un estado de anquilosamiento, fue así como la marca de mis accesorios se fue posicionando en el área con sus respectivos registros y permisos legales gestándose una pequeña empresa familiar; con el apoyo de mi esposo quien también aportaba con su creatividad en el diseño y elaboración de los exhibidores y junto con nuestro hijo organizaban y decoraban el sitio de exhibición. Era un tiempo familiar de fines de semana que nos mantenía unidos con un mismo propósito como era el crear una fuente de ingresos extra, además disfrutábamos bastante del contacto con la gente. Me sentía "satisfecha" aunque no del todo, había algo que no lograba identificar pese a que la economía iba mejorando, y mis deseos se estaban materializando de algún modo; no obstante no me sentía satisfecha del todo, me sentía confundida porque no lograba identificar la causa de mi inconformidad que estaba influyendo de manera desfavorable en este proyecto que estaba en marcha; arrastrándome a una desmotivación escalonada que ponía en riesgo mi creatividad. De repente me vi creando justificaciones que afirmaban razones para no continuar; tales como: "El negocio no es rentable", "No era realmente lo que esperaba", "No vale la pena tantas horas de trabajo, inspiración y creatividad por tan bajas utilidades", "Es muy complicado competir con el mercado Oriental" esta última justificación la comprobaba cuando compartíamos las mismas localidades, quienes llegaban con grandes estantes colmados de accesorios a precios increíblemente bajos; viéndose mis artículos en desventaja en relación a precios, me refiero a una clientela que en este tipo eventos prefieren encontrar artículos a bajo costo.

Sin embargo reconozco que era yo quien debía darle el valor absoluto a mis creaciones pero era yo misma quien subestimaba mi arte y no podía pretender que fueran otras personas que lo hicieran; de este modo fui perdiendo la motivación y el interés de mantener en el mercado mis creaciones de bisutería artesanal; entonces decidí entrar en receso por una larga temporada, abandonando el compromiso semanal de exhibir mis accesorios, reduciendo mis creaciones solo por solicitud de aquellas personas que se habían acomodado a mi estilo y les gustaba presumir de unos diseños personalizados que los hacían ver como piezas únicas y diferentes. Total ya me había desprendido emocionalmente de un proyecto gestado con ilusión que se había convertido en realidad pero resultó que mi convicción y mi voluntad no eran más fuertes que las excusas internas y externas que estaba creando.

Entre tantas justificaciones consideraba que el costo del material, el tiempo que invertía en sus diseños no estaban cubriendo mis expectativas financieras, y como el enfoque de mi proyecto estaba encaminado sólo como aporte para la economía familiar por lo que me dispuse a buscar otra manera más "estable" de generar ingresos.

Me vinculé laboralmente en la industria alimentaria en una prestigiosa cadena de restaurantes Tex-Mex denominada así por la fusión gastronómica Texano – Mexicano, con un horario cómodo y favorable (9:00a.m -2:00 p.m) lo que me permitía hacer actividades extras sin dejar de atender mi familia y acompañar a mi hijo en su tratamiento médico. El salario devengado me parecía justo y competitivo en relación con las funciones que ejercía, donde básicamente lo importante era tener agilidad y habilidades motrices para doblar servilletas de tela creativamente y envolver los cubiertos algo así como

papiroflexia; no tardé mucho tiempo en aprender a hacerlo, cada vez los hacía con mayor rapidez y perfección. Esa fue la opción más fácil que encontré para tener un salario fijo sin enfrentarme a la incertidumbre que me generaba mi negocio de bisutería.

En este nuevo empleo me sentía acomodada pues me quedaba tiempo suficiente para atender a mi familia y en las tardes podía llevar a cabo consultas de consejería con temas relacionados en pautas de crianza, habilidades asertivas, autoestima, liderazgo; proyecto de vida entre otras y sesiones terapéuticas privadas encaminadas en la gestión emocional. En realidad no quería desviarme nuevamente de mi camino; tampoco me quería detener hasta no sentirme completamente satisfecha de mis logros pues era otra manera de exigirme y de no quedarme estancada manteniendo el enfoque en mis sueños; ¡Esto era temporal! pero de lo que no me estaba dando cuenta era que me había embarcado en un viaje donde la frustración y la confusión aparecían constantemente adueñándose de mis aspiraciones, empujándome una vez más a abandonarlos; convirtiéndose en una lucha permanente entre la automotivación y el miedo, a continuar en la búsqueda de mis ideales recayendo en mis fallas y acondicionándome paulatinamente en esa *zona de confort* que por tanto tiempo estuve acomodada. No me atrevía a dar un paso adelante porque todo mi ser estaba paralizado de miedo, veía mi futuro desesperanzador a pesar de tener un trabajo estable e ingresos extras como resultado de mis actividades independientes. Cuando hablo de mis miedos me refiero a todos esos fantasmas que iban apareciendo poco a poco que yo iba agregando pensamientos y los sostenía desde mis propias percepciones. Aunque uno de mis grandes fantasmas era ese miedo que era alimentado por los medios de comunicación quienes constantemente narraban historias desalentadoras mostrando un mundo amenazante para los inmigrantes a quienes supuestamente las oportunidades eran limitadas y condicionadas solo a oficios mal remunerados razones que me hacían creer que debía sentirme agradecida por tener un trabajo; por tener un lugar donde vivir, porque a pesar de estar en un país extranjero tenía muchos amigos a mi alrededor. ¡Total! ya había comprado el miedo y el conformismo como si fuera el tiquete de un tren del que no debía bajarme.

Mientras el arquitecto de mis miedos construía muros cada vez más altos, los que me llevaba a justificar mis "no puedo" y sumando a esto la persecución que estábamos experimentando la comunidad inmigrante en la temida "Era de Trump", donde el futuro era cada vez más desolador; empecé a extrañarme a mí misma cada vez que le entregaba el poder a esa mujer que nuevamente estaba en función de servirle a los demás, la motivadora; quien abrazaba y daba palabras de consuelo a quien se encontrara triste, la consejera, la que cantaba y danzaba sin parar; "pues no estaba tan mal del todo" además era bueno para mí; ¡total! era la mejor manera de adormecer mi confusión emocional y hacer de ese tránsito inmigrante menos doloroso aun estando en medio de ese sube y baja entre el miedo y el querer salir de esa zona, entre el diálogo interno y la intención de alinear mis acciones y logré identificar esos discursos negativos que sostenía a costa de mi felicidad. Era la hora de recuperar mi estado esencial de bienestar físico mental y espiritual pero la responsabilidad de dicha recuperación solamente estaba en mis manos; la posibilidad de crear mi realidad no importaba de que tan claro lo tenía; pero era necesario aceptar que lo que estaba viviendo era el resultado de mis pensamientos, mis creencias, mis emociones, mis actitudes y el resultado de mis propias elecciones tanto de aquello que me agradaba y era placentero como también lo que me disgustaba y rompía con mi armonía. ¡Total! Era lo que yo había elegido consciente o inconscientemente; cierto es que llevaba intento tras intento, me sentía frustrada al ver que estaba ensayando nuevas opciones pero que al poco tiempo las abandonaba, también reconocía que de eso se tratan los sueños pues ¡no importa cuánto fracasos, ni cuantos errores se cometan en el camino si ellos te llevan hacia nuevos aprendizajes! Entonces me lancé nuevamente a tomar acción desde mi intensión de crecer afirmándome: "Tengo que darle fuerza a mi sueño, a mi deseo de cambio". Con la convicción que se necesita valentía para emprender un nuevo rumbo, de la misma manera como me armé de valor para emigrar hacia un mundo desconocido porque consideraba que la vida iba más allá que vivir con miedo que iba acompañada de lucha, de confianza y de esfuerzo aspectos que le dan el verdadero valor a la vida para vivirla libre de prejuicios y a plenitud.

El soñar es algo innato en todos los seres humanos desde muy temprana edad; soñamos con ser... con tener... pero con el paso de los años nos vamos olvidando poco a poco de hacerlo; y si acaso soñamos lo opacamos con nuestros miedos o con conceptos pragmáticos que nos limita levantar la mirada y ver más allá de lo que hay en nuestra imaginación. ¡Así pues! de nuevo le di alas a mi creatividad tomando como base una estrategia que solía utilizar con algunas de las personas que me consultaban por asuntos relacionados con sus proyectos de vida, o cuando estaban algo confusos en relación a sus metas o visión por la vida; se trata de *El mapa de los sueños* ; es una técnica sencilla que permite convertir los sueños en metas y en un plan de acción donde se puede representar de manera visual los sueños sin importar que tan grandes pueden ser; a través de este ejercicio se empieza a iluminar el alma, a vibrar el corazón de emoción liberándose de prejuicios limitantes. Comprendiendo que se puede tener un enfoque claro e integral en relación a lo que se quiere alcanzar incluyendo todas las áreas de la vida (personal, financiera, sentimental, familiar, social y espiritual entre otras áreas) a partir de este momento entendí que la vida nos ofrece permanentemente experiencias cargadas de aprendizajes viviendo el momento intensamente, cerrándole puertas al sufrimiento y que la mejor manera de predecir el futuro es crearlo! aquí y ahora!

Fue entonces como tomé una cartulina, busqué revistas viejas Este era MI MAPA DE SUEÑOS. Guau!, quién creyera que sentarme a elaborar mi propio mapa de sueños iba a ser difícil a pesar que yo lo había realizado en ocasiones anteriores con otras personas lo veía desde mi perspectiva muy fácil, pero en realidad no lo era... se necesita un buen nivel de Autocrítica, Autoconcepto y Autoconocimiento para emprender cualquier acción hacia el crecimiento y éxito personal.

Quiero hacer un paréntesis aquí para explicar unos pocos estos conceptos, con los que sin duda alguna estamos familiarizados pero se hace necesario entenderlos plenamente para darle aplicabilidad a nuestro proceso de crecimiento y empoderamiento.

Para emprender cualquier acción de crecimiento personal se hace necesario tener claro cuál es nuestro grado de Autoconocimiento; entendiéndolo como la capacidad que tenemos para identificar nuestras características personales que incluyen los defectos y virtudes a si mismo como nuestras necesidades, limitaciones y temores que al ser identificadas, reconocidas y aceptadas nos permite trazar un plan de vida más coherente.

El Autoconcepto. Es el conjunto de creencias y sentimientos que se forman a partir de nuestras percepciones, y reacciones también involucra la imagen mental que vamos creando de nosotros mismos lo que puede ser modificado de acuerdo a nuestros deseos y experiencias.

Autocritica. Es asumir la responsabilidad de que somos el resultado de las decisiones que hemos tomado en la vida, del mismo modo como el reconocimiento y aceptación de nuestros propios errores pero desde un enfoque constructivo.

Si no existe la claridad entre lo que somos y lo que hacemos podemos correr el riesgo de terminar haciendo lo que no queremos; para terminar siendo lo que creemos ser.

Después de este análisis introspectivo con un enfoque más realista inicie la elaboración de mi *mapa de sueños*. Tomé una pieza de cartón grande, recorté imágenes de revistas, tomé algunas fotografías, y dije "Es el momento de hacer de este mapa de sueños un compromiso conmigo misma, para mi crecimiento en los ámbitos personal; familiar; social profesional y espiritual".

Tuve que enfrentarme al primer reto y era el salir de mi *zona de confort* lo que implicaba enfrentarme a un compromiso conmigo misma y ser un testimonio coherente entre el modo como pienso y actuó para conseguir mis metas, sumando también a mi esposo y a mi hijo quienes estaban siendo testigos presenciales de mi determinación, comprometiéndome con hechos concretos, visibles y evaluables como era el disciplinarme dado a que todos los proyectos que he emprendido han requerido de esfuerzo pero le han faltado dedicación y disciplina para sostenerlos, el estar desenfocada, la falta de claridad y la identificación de un propósito que me inspirara y me diera la motivación suficiente para tomarlo con mayor fuerza me ha llevado a abandonar estos procesos.

Aquí entraba en juego todo un *Sistema de Creencias* limitantes que me han acompañado en el transcurso de mi vida que han saboteado la consecución y el sostenimiento de mis objetivos; de los que era necesario desprenderme y modificarlos de modo tal que pasaran de ser limitantes para pasar a ser potencializadores y para que esto se diera necesité analizar en detalle mis pensamientos automáticos que salían a la luz de manera constante sin que fuera consciente de ello.

Este es solo un ejemplo del ejercicio que lleve a cabo.

CREENCIAS LIMITANTES	CREENCIAS POTENCIALIZADORAS
"No creo que pueda conseguirlo..."	"Puedo conseguir todo lo que me propongo"
"Es demasiado tarde para cambiar" "No tengo disciplina para..."	"Aprovecho cada oportunidad que me da la vida para cambiar y evolucionar"
"Siempre pasa lo mismo, no soy capaz de terminar lo que inicio"	"Elijo enfrentar mis obligaciones con responsabilidad y consciencia".
"Yo soy muy desordenada".	"Estoy preparada para llevar a cabo mis proyectos y terminarlos".
"Para que arriesgarme, si así estoy bien".	"Confió plenamente en mi".
"No quiero verme como una egoísta"	"Yo tengo la capacidad para enfrentarme y superar cualquier desafío". Y sentir
	"Yo soy una líder con capacidad de influencia"

Todos estos miedos y bloqueos son los que me han sumergido durante muchos años a la pasividad, a la mediocridad y por más esfuerzos que haya tenido ese sistema de creencias se encargaban de disminuir la eficacia en el cumplimiento de mis metas.

Surgirá la pregunta de: ¿cómo lo hice?, ¿De qué manera se puede cambiar un sistema de creencias que me ha acompañado en el transcurso de toda mi vida?

¡Fácil! Para incorporar las frases potencializadoras en los pensamientos automáticos no se trata de solo leerlas y repetirlas es ¡mucho más que eso! Se requiere de tomar una frase a la vez; preferiblemente una por día, leerla en voz alta y sentirla vibrar con la emoción que se siente como si fuera un hecho. Es visualizarla como un resultado, es sonreír al pronunciarla. Lo mejor de este ejercicio es que no se tiene que preocupar si es efectivo o no, lo que realmente importa es ! que lo creas!

Ya después de este poderoso ejercicio me puse manos a la obra con *mi mapa de sueños* el cual decoré con mucho amor, esmero y credibilidad; seleccioné con detalle cada imagen que representaba un sueño, una meta, un propósito en cada área de mi vida las cuales iban acompañadas con frases potencializadoras y conectores entre una meta y otra. Como una obra de arte lo colgué en un lugar visible de mi vestidor para observarlo día a día y con alegría y emoción repetir las frases potencializadoras viéndome reflejada en las imágenes que allí estaban recordándome diariamente las metas a cumplir.

Empecé una rutina de llevar un diario personal en el cual registraba diariamente: Estados de ánimo al levantarme, actividades llevadas a cabo en el transcurso del día; analizaba como esas actividades influenciaban de manera positiva o no en mi día; hacia un inventario de pensamientos, sentimientos, logros, dificultades y aprendizajes. Fue una experiencia muy linda bastante enriquecedora porque amplió mi panorama de autoconocimiento este método me llevo a hacerme responsable de mis sentimientos y emociones centrando la atención hacia mí misma.

En ese diario de rutinas identifique que siempre estaba reaccionando ante quienes me señalaban y me estigmatizaban por mi nacionalidad Colombiana porque me relacionaban con lo que vendía el mercado de las narco-novelas, me enfadaba cuando las personas se dirigían hacia mí con descortesía e irrespetos, me sentía afectada ante las burlas y las ridiculizaciones ante mi inexperiencia; logré entender lo que hacía que mis horas de trabajo se tornaran más pesadas, el tener que sobrellevar la carga de estar bajo el mando de personas con pocas habilidades asertivas; y a mi modo de ver con pobres modelos en el ejercicio de la autoridad y falta de liderazgo, era una lucha desde mi *Ego* por enfrentarme con personas que tenían unos pensamientos bastante diferentes al mío, que su manera de relacionarse de resolver los conflictos diferentes a las mías les pertenecía a ellos, no era mi responsabilidad pretender cambiar a nadie; en el transcurso de mis ejercicios lograba identificar que esa situación me desgastaba por discutir con personas con un nivel de conciencia diferente; solo fue en ese contexto donde supe que la teoría se quedaba corta con la realidad en temas relacionados con la convivencia; la tolerancia y el respeto a la diferencia.

Reconocí que el problema no era el mundo, el problema no era lo que me rodeaba, donde me movía; era el cómo Yo lo percibía, era necesario desprenderme de esas creencias fuertes y arraigadas que no me permitían una movilización continua. A su vez, vacié la vasija de mis viejos conceptos para dar paso a nuevos aprendizajes. Ya no quería seguir quejándome, sintiéndome atacada o creando los cuestionamientos de "por qué a mí", "por qué yo", "es que yo siempre"," a mí nunca".

Tenía mucho por aprender! Pues cada día era como un regalo por desenvolver y lo mejor era dejarme sorprender abriendo paso al cambio, liberándome de todo aquello que no podía controlar y que a su vez robaba la paz de mi alma ya no buscando respuestas a mis quejas; más bien disolviendo mi *ego* con el aprendizaje del aquí y el ahora, cambiando mi forma de pensar encaminado hacia nuevas formas de vida. Me dispuse a cerrar ciclos para dar paso a los nuevos, por fin estaba entendiendo que tenía un plan infinito para cumplir.

Fue así cómo dejé de juzgar y de juzgarme era el momento dar paso a la humildad y abrirme a lo bueno que estaba viviendo, de una manera más agradecida y menos egoísta. Disfrutando de cada momento, de cada persona, de cada experiencia, y al final del mismo, poder sacar lo mejor de los aprendizajes como parte del proceso. Sólo así; modificando esa manera de ver las cosas y de relacionarme; era justo en ese momento en el que estaba dando un verdadero paso al empoderamiento, al cumplimiento de ese *mapa de sueños* que había elaborado con tanto entusiasmo.

Para darle continuidad al proceso y reafirmando mis pensamientos potencializadores, era necesario iniciar un programa de limpieza y organización pero tanto interna como externamente, sentía que iba avanzando satisfactoriamente con esa limpieza interna sacudiendo esos viejos conceptos y retirando de mi mente obstáculos ideas no deseadas. Ya me estaba expandiendo en esa *Zona de Aprendizaje* adentrándome con mayor determinación a la *Zona del Crecimiento*. A fin de cuentas *"nada cambia si nada cambia"*. Es así como empecé a moverme buscando nuevas oportunidades que me llevaran a un nuevo comienzo; a sanar las heridas de mi corazón; a reinventarme; a volver a confiar en mí y en mí entorno.

Fue una etapa donde empecé a experimentar nuevos retos, el descubrir mis propias emociones alteradas. Con mi despertar pude ver con más claridad la realidad de las cosas; dejé de preocuparme por lo que podría ocurrir... más bien pensé en ocuparme por lo que estaba ocurriendo y asumir las cosas como llegaban sin generar ningún tipo de resistencia, solo con el pensamiento constante de confiar en el proceso; sin tener que estar cargando con la responsabilidad de los sentimientos y de las reacciones de los demás; ese cambio no fue cómodo, ni fácil; quizás fue mucho más difícil que cuando estaba en esa primera etapa, distraída con las tantas personas que me rodeaba, el cual era un círculo social muy amplio; pero en este proceso de aprendizaje me di cuenta que cuando perdí el interés de agradarle a los demás, cuando me concentre en mí misma en mis necesidades, en mis prioridades, a regalarme más espacio para limpiar y darle orden a mi vida; fue como haber entrado en un estado de "hibernación" suspendiéndome en el tiempo mientras descubría mi mundo interno y salía de mis limites imaginarios, Empecé a experimentar nuevos modos de relacionarme reduciendo el número de mis círculos sociales, conectándome con menor frecuencia, modificando gradualmente el interés en lo que antes era importante para mí y reconociendo que cada vez me desplazaba más allá de la *Zona de Transformación*.

Una mañana de mucho frio como de costumbre estaba escribiendo en mi diario de rutinas y lo observaba maravillada de todo lo que estaba redescubriendo de mi misma, tenía mayor claridad y comprensión de quien era con todos mis errores, aprendizajes y crecimiento que había logrado durante ese periodo de tiempo y así como era frecuente en la intimidad de mis pensamientos agitados, medio revueltos por todo lo que quería hacer y con una lluvia de ideas galopando en mi cabeza, pero esta vez ya tenían más orden e hilaridad. Retomé el diálogo interno, poniéndome de pie frente al espejo con valor y determinación, sosteniendo fijamente la mirada ante mis propios ojos (ya se... suena algo ridículo; pero es una buena técnica); no puedo negar lo incómodo y lo difícil que fue mantener el contacto visual frente a mí misma; pero después de respirar un poco y sin desviar la mirada le pregunté a esa mujer que veía allí reflejada frente al espejo, quien tenía dibujada una amplia sonrisa en su rostro estaba allí al frente... ¡Yo le sonreía también! para que se sintiera en confianza la saludé... le dije lo hermosa que estaba. Era mi reflejo la elogié del modo como nunca antes lo había hecho, diciéndole que me gustaba su sonrisa, la profundidad de su mirada y ella estaba allí ingenuamente mirándome; vi cómo en su rostro se iba dibujando la imagen de aquella niña tímida, alegre y a la vez abordada por los miedos de su infancia; sin dejar de mirarla fijamente continúe con mi diálogo preguntándole: "Aliria, ¿cómo te sientes hoy?, ¿hay algo que pueda hacer por ti?", ella me respondió "!claro que sí! necesito tu ayuda... siempre he necesitado de ti "a lo que respondí: "Aquí estoy para ayudarte, confía en mí". Aseveró esa mujer cincuentastica (me refiero coloquialmente a la edad maravillosa de los 50 años) despojada de maquillaje, con su pelo suelto sin peinar, con un ligero vestido que me hacía recordar a las mujeres *hippies* de los 70's y de los 80's fresca y descomplicada, con unos inmensos deseos de sacar de sí misma su mejor versión. Fue así como me comprometí a agregar a mi plan de acción una cita con ella... allí... en ese mismo lugar para reforzar la siguiente afirmación:

"Yo Aliria; soy bella, Yo Aliria; soy inteligente, Yo Aliria; soy amor". Con estas cualidades y muchas más voy a triunfar en la vida". ¡Claro que sí! ¡Seguro que sí!.

Hice este ejercicio retomándolo basado en la experiencia con los jóvenes de la comunidad terapéutica con quienes hacíamos este ejercicio todos los días antes de ellos irse a dormir, era increíble el impacto que generaba en sus pensamientos y en las percepciones que iban adquiriendo frente a sí mismos y a la vida misma.

Este ejercicio se lleva a cabo de la siguiente manera:

Es necesario pararse frente al espejo creando contacto directo con sus propios ojos, sin dirigir la mirada a ningún lado más que con sus propios ojos; y repetir las afirmaciones en voz alta tres veces. Este ejercicio igualmente lo realice por mucho tiempo con mi hijo cuando él tenía 6 años, antes de salir para la escuela y también cuando nos dirigíamos camino a la misma " Yo____; soy bello, Yo____; soy inteligente, Yo____; soy amor" Con estas cualidades y muchas más voy a triunfar en la vida". ¡Claro que sí! ¡Seguro que sí! Me gustaba que adquiriera el hábito de esta dinámica , porque le ayudaba para afianzar la confianza en sí mismo, fortalecía su auto-afirmación, y le facilitaba el modo de proyectarse de una manera libre y desprevenida frente a los demás. ¡Así pues! si lo había logrado con jóvenes, y con mi hijo ¿por qué no lo podía hacer conmigo misma? Esta rutina que llevé por varias semanas frente al espejo siempre con una sonrisa en mi rostro, me hacía sentir positiva, llena de energía, alegría y seguridad, lo mejor era que tenía la sensación de que esa misma carga de energía y positivismo lo proyectaba a las personas que encontraba en mi camino. Eso para mí era un buen proceso en marcha. Y entre diálogos internos, diario de rutinas, ejercicios de autoafirmación, organización, "limpieza" de ideas y de pensamientos; y otras prácticas encaminadas al empoderamiento, pase a un punto muy importante con el que había luchado y con el que me resistía constantemente; y era el de la organización de mis espacios físicos.

Bueno y que tiene que ver la limpieza y organización de espacios con mi proceso de empoderamiento? Hace muchos años quizás y en varias ocasiones había leído en diferentes fuentes; que el desorden está relacionado con asuntos emocionales sin resolver que cada espacio de la casa, la oficina o el taller de trabajo en desorden están relacionados, con los miedos y con la tendencia a dejar asuntos inconclusos, si se trata de los espacios de trabajo es posible que exista una baja tolerancia a la frustración; y el acumular cosas viejas está ligado con un anclaje del pasado y el temor a lo nuevo y a lo desconocido. Lamentablemente no recuerdo el origen de la literatura pero explicaba que el ordenar los diferentes espacios se está dando la oportunidad al cambio y al abrir posibilidades para lo nuevo. Consideré que tenía una buena razón para empezar a organizar mis espacios si bien no habían teorías científicas que soportaran estos argumentos no perdía nada con hacerlo; al contrario eran más los beneficios que podrían traerme y quise aplicarlo también para abrir cualquier posibilidad de mejoramiento.

Fijé en mis pensamientos la idea de !Si ordenas tus espacios estas poniendo en orden tu vida! lo que implicó planear un espacio por día, de tal manera que incluyera las gavetas de mi ropero, mi despensa, libreros, escritorio en fin; me estaba enfrentando a cumplir pequeños objetivos, encontrándome con una cantidad de objetos que no utilizaba, algunos rotos, otros que representaban algún momento triste, recuerdos no gratos de personas que ya no formaban parte de mi presente, también encontré objetos que no cumplían con ninguna función pero si contenían un fuerte valor sentimental y así poco a poco fui clasificando todo aquello que no tenía ninguna utilidad al menos para mí; que solo ocupaban un espacio o perdían su valor allí guardados llenos de polvo y envejecidos, objetos para donar, para tirar a la basura, para regalar; aunque parezca ¡desfasado! Esto también formó parte de mi proceso, porque me llevó a un momento de desprendimiento y de desapego. Procedí con la selección de libros los que alguna vez atraparon mi interés, aquellos que acompañaron la infancia de mi hijo con sus primeras lecturas con historietas y dibujos coloridos, los de recetas, los de poemas y aquellos que alguna vez empecé a leer y dejé inconclusos; procedí a separar lo que iba para donación y aquellos que por sus interesantes contenidos y que alguna vez los dejé inconclusos era necesario retomarlos en lectura y regalarme por lo menos 25 minutos diarios de enriquecimiento intelectual, abriendo espacio para la imaginación y para nuevos aprendizajes.

Según Joseph Newton" El Principio del Vacío" se aplica al hábito de juntar objetos que no son útiles en el momento presente con la idea de que algún día los va a "necesitar" está estrechamente relacionado con el albergar tristezas, miedos, resentimientos. Dice en una de sus apreciaciones que es necesario crear un espacio vacío para que las cosas nuevas lleguen a la vida, mientras la persona carga cosas viejas e inútiles bien sea materiales o emocionales; el espacio para nuevas oportunidades estará cerrado no facilitando el movimiento circular de dejar partir y disponerse a recibir. Esta teoría la relaciono con el concepto emitido en relación al desorden de las diferentes áreas del trabajo y del hogar. Cuando se guarda y se acumula es como abrir la posibilidad a las carencias, o es como enviar mensajes limitantes al cerebro como: El "mañana no es prometedor", sentirse "desmerecedor de lo nuevo". Estos conceptos pueden ser comparados con la Naturaleza que en ella todo circula de manera natural, el árbol se desprende de las hojas secas y de los frutos secos, de lo viejo e inservible para dar el mismo, pero útil para las otras especies y así del mismo modo va dando paso a lo nuevo a lo que reverdece y da vida.

¡Hoy es un buen día para limpiar, la casa, la mente y el alma!

Este proceso me tomó cerca de un mes. Me sentí más liviana, me di cuenta que Yo sí podía trazarme metas y cumplirlas sin importar cuan grandes o pequeñas pudieran ser. Revalidé la idea que podía organizarme y crear rutinas que me condujeran hacia el cumplimiento de mis metas. Fue una experiencia agradable y placentera sentía que todo fluía en mi vida; pero también hubo momentos de confusión percatándome que en la medida que me reorganizaba internamente, que estaba expandiendo mi nivel de conciencia llevándome a ver las cosas con mayor claridad con diferente perspectiva; y no era una actitud de soberbia, ni de orgullo sino de ¡congruencia! amaba todo lo que me rodeaba pero ya era a otro nivel de comprensión y entendimiento. Empecé a tener más tiempo para el silencio, más tiempo de encuentros conmigo misma; más tiempo de introspección y de cumplir con esas pequeñas metas que me trazaba día a día; significó que empecé vivir mi vida con alegría, interés y compromiso, pero no todas las personas estaban preparadas para ver en mí una nueva versión, situación misma por la que empecé a sentirme excluida, sutilmente ignorada por las personas con las que pasaba la mayor parte de mi tiempo; pues ya no teníamos la misma conexión. El hecho de dedicar tiempo suficiente para mi crecimiento personal renunciando a la opción de quedarme en un segundo plano, cuando ya no me enfocaba en atender primero mis necesidades antes que desgastarme por otros, cuando me quite la responsabilidad de estar alivianando las cargas de los demás y de estar protegiendo a costa de mi bienestar a quienes me rodeaban. También entendí que cuando aumentas tu amor propio solo quedan contigo las personas que ven el mundo con tus mismos ojos! Sin censurarte y sin poner en duda tus virtudes.

AREAS DE TU VIDA										
Familia	1	2	3	4	5	6	7	8	9	10
Personal	1	2	3	4	5	6	7	8	9	10
Salud	1	2	3	4	5	6	7	8	9	10
Alimentación	1	2	3	4	5	6	7	8	9	10
Tiempo libre	1	2	3	4	5	6	7	8	9	10
Recreación	1	2	3	4	5	6	7	8	9	10
Finanzas	1	2	3	4	5	6	7	8	9	10
Espiritual	1	2	3	4	5	6	7	8	9	10
Trabajo	1	2	3	4	5	6	7	8	9	10
Profesional	1	2	3	4	5	6	7	8	9	10
Creatividad	1	2	3	4	5	6	7	8	9	10

Este es un ejercicio muy práctico que te lleva a visualizar las diferentes áreas de tu vida: solo tienes que encerrar en un círculo el número que corresponde a tu grado de satisfacción en una escala del 1 al 10, posteriormente unes con una línea los cuadrados siendo el 1 el de menor grado de satisfacción y el 10 como el del máximo grado de satisfacción que has seleccionado y esto te dará una respuesta grafica a la pregunta:

- Del 1 al 100 ¿cuál es el grado de satisfacción en estas áreas de tu vida?
- ¿Lo que estás haciendo hoy te acerca al lugar en el que quieres estar mañana?

Como hacer el Mapa de los sueños.

Autoconocimiento	Salud	Familia
(Evolución personal, transformación, autodescubrimiento, crecimiento interno y fortalecimiento).	(Alimentación, ejercicio)	(Metas relacionadas con estabilidad, expectativas a nivel de pareja, padres, hijos, hermanos entre otros)
Trabajo	**Yo**	**Conocimiento y estudios.**
(Lo relacionado con la evolución profesional u oficio, actividad laboral, asensos , nuevas oportunidades laborales	(Estados emocionales placenteros, equilibrio y balance emocional, alegría, emprendimiento)	(Nuevos aprendizajes, cursos, estudios, nuevas destrezas)
Viajes	**Finanzas**	**Espiritualidad**
(Plasmar los lugares que ha deseado visitar y planear vacaciones)	(Ingresos, economía, dinero, negocios, proyectos, productividad)	(Trascendencia, fe, Paz, Armonía equilibrio , crear conexiones con lo divino, amor y compasión)

51

El mapa de los sueños es una herramienta práctica y poderosa que permite movilizarte de ese lugar donde te encuentras y en el que no quieres estar. Es una forma sencilla para visualizar y materializar tus sueños.

Que necesitas?

1. Un Pliego de cartulina o cartón o el material que guste.
2. Una fotografía tuya preferiblemente sonriendo.
3. Colores, lápices, crayones, marcadores, flores, pegatinas y revistas.
4. Hacer una lista de deseos y de cualidades, o habilidades que deseas desarrollar , las cuales deben ir escritas de modo como si ya se hubiesen materializado. Coleccionar imágenes, fotografías o dibujos que representen o se acerquen más a lo que deseas (debes tomarte el tiempo necesario para conseguirlas sin ningún afán) este es un proceso agradable, mágico y divertido.

COMO SE ESCRIBEN LOS DESEOS

Debes hacer una lista en detalle teniendo en cuenta las diferentes áreas de tu vida.

Si es una casa por ejemplo escribir tengo una casa en... debes describir en que área, registrar con detalle el número de cuartos, como te imaginas la cocina, el estudio, la sala en fin; como siempre la has soñado incluyendo decoración, color de paredes, plantas; lo que sea que desees es realmente válido y si es un carro piensa en el color, el modelo y lo que deseas incluyendo accesorios.

Si es una habilidad personal describe con sentimientos y emociones como si ya la hubieses logrado.

52

Para iniciar es recomendable no sobrepasar de 20 deseos porque en la medida que vayas logrando poco a poco esos sueños se pueden ir reemplazando o acomodando por nuevos propósitos.

Cuando elabores el mapa le puedes adherir las imágenes que gustes y como gustes, decorarlo como mejor te parezca porque es tu creación y entre más creativo y sugestivo sea mejor será la manera de entrenar tu mente para lo que vas a recibir.

"El poder de tu deseo, tu atención y tu intensión despertarán la abundancia y la prosperidad".

El ponerle fecha a un sueño es convertirlo en meta y la meta dividida en pasos se convierte en realidad no importa que tan desesperanzador puede tornarse eventualmente el panorama, ni cómo te encuentres hoy, SOLO HAZLO..! Sea lo que sea! HAZLO!!! Porque algo extraordinario siempre estará por emprender; no permitas que nadie, absolutamente nadie, ni siquiera las personas con mayor influencia en tu vida se atrevan a sabotear tus sueños; debes mantenerlos intactos porque son tuyos y los debes defender y proteger a costa de lo que sea con celo y determinación. Nadie tiene derecho a cuestionarlos porque son tuyos y de nadie más.

CAPÍTULO III:

EL PODER DE LA VERDADERA GUERRERA

P ara poder descubrir esa verdadera guerrera que había en mi interior fue necesario continuar batallando contra mis propias sombras; de una manera decidida y constante profundizando en mi propia naturaleza al tiempo que buscaba espacios de encuentro significativos conmigo misma que me permitiera abrigar la emoción de haber despertado nuevas fuerzas de tal modo que me recordaba la Paz que habita en mi corazón abriendo paso a la transformación y a la elección de un camino donde todo lo bueno puede suceder. Para ello necesitaba sanar patrones y conductas que limitaban el encuentro que me llevara por el sendero del éxito y de la prosperidad; resulta que esas formas de sufrimiento emocional, esas limitantes, esos pensamientos que me saboteaban y se burlaban de mí eventualmente, era mi *Ego;* entendiéndolo como la voz interna a la cual se le otorga el poder que nos genera bloqueos, nos lleva a expresar o manifestarnos impulsivamente (cuando nos enojamos por cosas que de pronto pudimos haber manejado de otra manera). Son esas sensaciones que nos llevan a sentirnos culpables, a sentir aborrecimiento, resentimiento, autocompasión, cuando nos enojamos por cosas insignificantes. Son esas conductas que limitan el desarrollo de habilidades de liderazgo, emprendimiento, porque no nos permite dejar ver a los demás desde nuestra humanidad o desde nuestro corazón; sino que los percibimos desde una emoción mucho más primitiva que no nos permite comprometernos con nuestro propio crecimiento generando altas expectativas muchas veces equivocadas y actitudes demandantes en los demás.

Tomando mi historia como punto de referencia en relación a varios intentos que tuve para emprender algunos de ellos con muy buenas ideas otros no tanto, excelentes proyectos, con habilidades para desenvolverme en algunos escenarios en los que jugué con papeles protagónicos mientras que en otros no pase de ser utilera ; pero así con el mismo impulso con el que he iniciado substanciales proyectos, con la fuerza e ímpetu de ver los mejores resultados; así de manera automática bajaba mi entusiasmo y la motivación creándose una especie de círculo vicioso. Pero como venía en el proceso de crecimiento y expansión, ya tenía claro que era mi *Ego* otro aspecto a superar porque era el responsable de sabotear mis sueños, alimentaba mis frustraciones y desánimo. Pero como ya tenía un camino recorrido con nuevos aprendizajes no iba a permitir que me llevara a ese punto de partida de donde había logrado avanzar. Solo se trataba de tener la forma de debilitarlo y restarle el poder que alguna vez le había otorgado pero ¿cómo dominarlo? Antes de responder a estos interrogantes era importante tener claro la definición de *EGO*.

Según la Psicóloga Virgina de la iglesia en su artículo reprogramación de las creencias:

"El *Ego* es como un programa o software artificial instalado desde el exterior. Un programa con un conjunto de ordenes o instrucciones para realizar una labor concreta"

La responsabilidad en el desarrollo de nuestro *Ego* puede ser atribuida a la familia y muy especialmente a los padres quienes son las primeras personas con quienes nos conectamos y adquirimos un conjunto de ideas relacionadas con nuestras funciones; el modo como nos proyectamos en el mundo, y la manera como nos interrelacionamos con los demás. Es así como cuando el *Ego* según la información recibida en las primeras etapas de la vida ayuda a la persona a tener un ego equilibrado de tal modo que pueda satisfacer sus necesidades físicas, emocionales y sociales de manera sana o bien puede el *Ego* convertirse en un usurpador de la identidad humana que no tolera asuntos expansivos como el amor, la bondad, la tolerancia, el altruismo. Cuando la persona no logra controlar su *Ego* tiende a defender su opinión sin escuchar la de los demás, suele ser fuente de conflictos con amigos, pareja o compañeros de trabajo. Lo que puede producir un aislamiento o perjudica las relaciones con los demás.

Un Ego limitado puede ser como una máscara ante la sociedad que necesita de constantes halagos y aprobación de los demás para sentirse bien y de alejarnos de la sencillez. Este es alimentado por el miedo y las culpas.

COMO LOGRE DOMINAR EL EGO?

1. Dejé de sentirme ofendida; entendí que quien intenta ofenderme solo busca debilitarme. El sentirme ofendida

El secreto de la mujer empoderada

genera la misma energía dañina de quien intentó ofenderme pues podría arrastrarme al ataque, al contra-ataque y a la guerra.

2. Me liberé de la necesidad de ganar todo el tiempo; es imposible que esto suceda, constantemente encontrarás en el camino personas más listas, más rápidas, más jóvenes y más fuertes que tú. Lo realmente importante es tener claro que tú no eres los triunfos; que debes olvidarte de la necesidad que ganar sin aceptar que lo opuesto de ganar es perder. Adopta una actitud observadora, se trata de mirar y disfrutar todo sin necesidad de ganar solo de vivir el proceso en paz y sin darte cuenta te darás cuenta que todo va surgiendo espontáneamente en la medida que dejes a un lado el viejo concepto de ganar para no ser "perdedora".

3. Me Liberé de la necesidad de tener la razón. *El ego* es una fuente de conflictos que te empuja a hacer que los demás sientan que están equivocados; mientras que el pensamiento creativo es bondadoso, cariñoso, receptivo; está libre de enojo, resentimiento y amargura. Cuando nos olvidamos de tener siempre la razón es como si le dijéramos a nuestro ego ¡ey! yo no soy tu esclavo déjame fluir desde mi esencia. El ego es un combatiente muy resuelto, hemos conocido casos de muchas personas sufren y hasta mueren con tal de no ceder la razón. Es por eso que extiendo amorosamente la invitación de dejar la necesidad impulsada por el ego de tener la razón, deteniéndote en medio de una discusión para preguntarte: ¿quiero ser feliz o tener razón? cuando elijas el modo feliz, cariñoso, espiritual; se fortalece tu conexión con la fuente del amor y la bondad.

4. Aprendí que ni la experiencia, ni el conocimiento, ni el status me definen; que la verdadera nobleza no tiene nada que ver con estar por encima de los demás, la evolución se trata de

ser mejor de lo que se era antes, sin sentirte especial; porque el solo hecho de considerarlo estas estableciendo comparaciones, perdiendo de vista que todos estamos a un mismo nivel humanamente hablando y que emanamos de la misma fuente divina.

5. Me Olvidé de la necesidad de tener más de lo que realmente necesito; dándome cuenta de lo poco que requiero para sentirme satisfecha y estar en paz.

6. Dejé de identificarte con mis logros; pues todo ha existido desde siempre. Solo se trata de observar, admirar y agradecer las capacidades que me han sido concebidas y conservar la motivación para alcanzar y cumplir con los propósitos establecidos.

7. Me liberé de la necesidad de tener fama puesto que ella no está localizada en mí; solo habita en la mente de los demás razón por la que no tengo ningún control sobre ella, si mantengo el enfoque de mis propósitos, con humildad y gratitud desligándome de lo que puedan pensar los demás como resultado, estoy aceptando la responsabilidad de que lo que otros opinen sobre mi "fama" esto no me pertenece y nada tiene que ver conmigo, pues ellos están basados en sus propias percepciones.

Para finalizar el tema del *Ego* quiero concluir con una lección de vida y es que aprendí a no asumir el papel de los personajes que he representado en diferentes situaciones, siendo yo misma sin máscaras, sin identificarme con lo que he hecho, sin definirme con lo que poseo y mucho menos pensar que Soy como los demás me definen.

Todo este tiempo de disolver mi ego y de encontrar las razones del porque le había permitido dirigir mi vida, así mismo buscaba su origen para comprenderlo mucho mejor y fue como encontré que era mi *Niña Interna* quien estaba en espera para recibir mi atención y mis cuidados, a pesar que había pasado tantos años inconscientemente arrastraba ese duelo que no se había resuelto, ese dolor, ese malestar que sin percibirlo estaba causando inconvenientes por ese *Ego* aún sin madurar.

Fue el reencuentro con esa *Niña Interna* real y no se trata de un concepto moderno implementado por la psicología; me refiero a esa *niña* que todavía habitaba en mi corazón, que aún guardaba aquellas memorias que me causaron daño, las palabras que me quedaron grabadas, las exigencias y el atosigamiento de la gente adulta que no entendían de mis necesidades y limitaciones de niña, esas necesidades que no me fueron satisfechas en los momentos en que me sentía desprotegida. Fue la que encontré en el camino de mi propio conocimiento, de mis sombras y de mi historia de vida, a esa niña que guarda en las memorias de su corazón las heridas de su infancia. Así me fui moviendo pausadamente hacia el aprendizaje que quedó instalado en mi ser, donde creía que aquella niña con su mochila cargada de un sinfín de vivencias había desaparecido o al menos ya había crecido. Fue momento trascendental al contactarme y reconectarme con esa *Niña Interna* para entregar aquello que necesitaba; para amarme profundamente, abrazarme y lograr mis sueños, conectándome directamente con la creatividad, la autenticidad, la espontaneidad y los propósitos de mi alma.

Recuerdo mi infancia con inusitados matices como eran los juegos callejeros con mis amigos del barrio, con mis hermanos cuando en nuestra casa nos inventábamos cualquier juego; éramos arquitectos de nuestras propias "chozas" utilizando cortinas, tendidos de cama, palos de escoba; y así nos forjábamos un mundo mágico donde la diversión y la fantasía nos desconectaba del mundo real, nos divertíamos pero también nos peleábamos, al rato se nos olvidaba la razón de las discusiones al fin todos resultábamos ganando. A mi memoria se vienen los recuerdos de nuestras vacaciones en el campo acompañados de primos; era la mejor sensación de libertad y adrenalina pura, al ondearnos en columpios que se enganchaban de los gigantes árboles de "guamas" al borde de una montaña donde nos elevábamos tan alto que con un impulso más podríamos casi que tocar las nubes; hacíamos casas en los árboles frutales y hacíamos el montaje de unos coloridos *buffet* tropicales, perseguíamos mariposas, recolectábamos flores, experimentábamos el vértigo al montar a caballo o cuando nos deslizábamos vertiginosamente montaña abajo sentados sobre la corteza que cubre el tronco de la mata de plátano compitiendo por el que llegara de primero con el más mínimo de laceraciones. Recuerdos imborrables de una bella época que quizás fue determinante en impulsar una mujer amante a la aventura, alegre y extrovertida. No obstante esa época de infancia también fue marcada por eventos grises, de tristeza y mucho dolor que pudieron haber sido el pilar de mis limitaciones.

Me tomé el tiempo necesario para llamar a mi *Niña Interna* por su propio nombre y traerla a mi corazón de hoy, a esa niña entre los 7 - 9 años; a quien en medio de mi nerviosismo la rescaté, la acepté y comprendí sus necesidades; le brindé mi amor para sanar sus heridas y sus miedos solo bastaba con abrazarla, reencontrarme con su ternura e inocencia. Asegurarle que había acudido para rescatarla, para recuperarla, envolverla en un abrazo de amor y hacerle la promesa que ya todo había pasado, que yo estaba para sanarla, para liberarla de los recuerdos y esas heridas profundas que ha guardado desde su niñez.

Me di cuenta que crecí en función de un trabajo, con el afán de obtener un título profesional coexistiendo como una mujer adulta "funcional", económicamente independiente; sin embargo débil; emocionalmente visible en la necesidad de aceptación, en la búsqueda de reconocimiento, en la búsqueda de respuestas sobre qué hacer y cómo hacerlo, apoyándose en la aprobación de otras personas que le diera fuerza a sus decisiones como si no fuera suficiente el solo deseo de ejercerlos. Muchas veces y sin ni siquiera percibirlo me di cuenta que lo que realmente seguía eran los sueños de otros. En el fondo lo que estuve haciendo a lo largo de mi existencia fue perpetuar el patrón infantil que se repetía substancialmente en momentos de crisis, cuando esa niña rechazada, humillada y tratada de manera injusta salía a flote; poniendo en evidencia las heridas emocionales de mi infancia que han condicionado los momentos presentes tornándose amenazante con mi futuro. Fue necesario volver la mirada hacia esa niña de mi infancia y retrocederme en mi historia hasta encontrarme con una niña confundida, tímida, que no se identificaba con nada, que desde la manera inocente de ver las cosas sentía que no encajaba en el mundo en el que vivía, aquella niña que atesoraba en su almita muchos juegos callejeros, espacios de gozo, travesuras, salidas al campo, columpios en gigantes árboles había algo en sus esencia que no le brindaba bienestar.

Un momento difícil que tuve en este proceso de empoderamiento fue el reencontrarme con aquella niña humilde que creció en medio de un contexto familiar beligerante con rígidas pautas de crianza; con un padre presente – ausente por sus condiciones laborales. Una niña desplegada a modelos coercitivos de aprendizaje en la escuela de básica primaria donde era injustamente castigada por no comprender las operaciones matemáticas, por no entregar los apuntes a tiempo quien era expuesta y ridiculizada por su maestro de 4 grado frente a la clase quienes se reían ante los calificativos denigrantes como "burra" , "bruta" "perezosa". Este contexto provocó la errónea percepción de una niña que no se sentía digna de ser amada, con inmenso temor al fracaso por lo que me llevaba a buscar aprobación continuamente de mis padres y adultos cuidadores. Vivía en un mundo imaginario creado solo para mí, donde me sumergía la mayor parte del tiempo inventando historias y agregando escenarios llenos de magia y color! A fin de aletargar mis miedos e inseguridades. Al tiempo que iba creciendo; el *temor al abandono* se hacía cada vez más intenso, porque mi madre a pesar de estar presente en el hogar tenía que ocuparse en la crianza de cinco niños , sus que haceres domésticos, sus costuras; el atender sus quebrantos de salud que se daban con mucha frecuencia, llevándola a sumergirse en el dolor y la tristeza; lo que me llevaba a observarla desde mi posición de niña deseando fantasiosamente una varita mágica que transformara su rostro frágil y débil que reflejaba cuando estaba tumbada en su cama, soñaba con que esa varita la transformara por una súper mamá con capa de color púrpura y lápiz labial con diamantinas haciéndola lucir fuerte y poderosa. A pesar que era una hermosa mujer, alegre y creativa de hecho era costurera y diseñaba hermosos vestidos para una clientela bastante exigente y quienes se mostraban felices y satisfechas con sus bellos atuendos; Ella intentaba mostrarnos una actitud fuerte y decidida pero yo sabía que no era feliz, pues cargaba sobre su espalda una historia de vida bastante dolorosa de orfandad, abandono e inexistencia de vínculos familiares lo que la hacía reforzar el sentimiento de soledad y desprotección; mi padre era un hombre trabajador que se ausentaba semanas enteras recorriendo las diferentes carreteras de nuestro país; razón por la que no estaba presente de manera constante en nuestras vidas; siendo este un motivo de queja constante por parte de mi madre quien sentía que cargaba sola con toda la responsabilidad de "criar" a cinco chicos "bastante difíciles". Cuando mi padre estaba en casa la convivencia era difícil debido al consumo de alcohol quien ante los reclamos o quizás el consumo excesivo se tornaba agresivo, escenas que para un niño son muy difícil enfrentar y asimilar dejando huellas imborrables en su memoria . Recuerdo como mis pesadillas estaban relacionas con la muerte de mis padres fueron sueños recurrentes que me acompañaron durante toda mi infancia casi hasta entrar a la pubertad, constantemente soñaba que mi mamá dejaba de existir a causa de una enfermedad o que la asaltaban en la calle y su vida era arrebatada por algún malandrín, en mis pesadillas también veía como mi padre perecía después de un accidente en su camión *(Tráiler)* en uno de sus tantos viajes; sueños que se convertían en pensamientos repetitivos que me paralizaban de terror el creer que podría quedar huérfana en cualquier momento.

A pesar de tener cubiertas nuestras necesidades básicas; emocionalmente hubo algunas carencias y limitaciones lo que de algún modo generaron inseguridades abriendo paso a una mujer adulta *dependiente emocionalmente* con dificultades para tomar decisiones en el transcurso de mi vida buscando la aprobación de otras personas; literalmente esto hablaba de la necesidad de sentirme apoyada, protegida y reconocida. En ningún momento pretendo juzgar a mi padres a quienes honro y he amado profundamente, ellos que con su profundo amor trasmitieron enseñanzas y aprendizajes desde su legado familiar, quizás era lo más correcto para ellos que desde su nivel de consciencia creyeron era lo mejor que pudieron haber hecho, gracias a esta historia de vida que me correspondió vivir y que solo me pertenece a mí, con mi propia identidad.

Así empecé a redescubrirme a través de ese contacto con mi *Niña Interna*: identificar cuál era el sufrimiento de esa niña, que me hizo creer que no era merecedora de recibir a manos abiertas las oportunidades que me ha brindado la vida; Es así como en el trayecto de mi historia he adoptado criterios de otras personas, abandonando mis sueños, mis ideas, con tal de no perder ese apoyo de quienes eran significativas en mi vida.

Pienso que para quien este leyendo estas líneas le podría surgir esta pregunta: ¿Porque se necesita rescatar a la niña interna? ¿Qué tiene que ver la niña interna en una persona que ya está viviendo su vida de adulta?; ¡bien! Antes quiero hacer una pequeña descripción desde mi punto de vista entre emprendimiento y empoderamiento. Emprender es una actitud relacionada con asuntos laborales o empresariales encaminadas hacia el ascenso de asuntos financieros, requiriendo del aprovechamiento de insumos internos que le permitan potencializar el liderazgo y autogestión mientras que el empoderamiento es el primer paso para emprender y está directamente ligado con la capacidad que tiene la persona para crear y transformar su propia vida; siendo un aspecto determinante la capacidad de autonomía; desde la sensibilización, concientización y entrenamiento. Examinar la relación que hay entre la dificultad y el obstáculo y la extraordinaria oportunidad de aprendizaje gestionando sus propios talentos y habilidades. En el empoderamiento se hace necesario iniciar el proceso de sanar, restaurar y liberarse de todos aquellos anclajes aprendidos en el transcurso de la vida que no dejan ver las diferentes disparidades del camino como oportunidades que solo logrando un equilibrio emocional se pueden abrazar los proyectos con ahínco para el mas alto beneficio propio y para el de los demás.

Así fue como abracé a esa niña de ayer envolviéndola con todo mi amor y mi apoyo, liberándola de esas ataduras del pasado para que pudiera fluir sin limitaciones, le permití que riera, que soñara, que fuera feliz, que disfrutara y que gozara la vida como la gozaba en el campo de las verdes montañas donde solía disfrutar en los mejores momentos de su infancia; la liberé de complejos todo aquello que no la dejaba fluir libremente, de lo que la hacía sentir culpable y diferente a los demás (diferencia toxica).

EJERCICIOS PARA SANAR TU NIÑA INTERNA.

Para que la vida empiece a fluir y puedas alcanzar tus sueños es necesario que sanes esa niña interna que está escondida en ese pequeño rincón de tu subsconsciente olvidado.

Es muy probable que así como yo tuve una niña herida por rescatar; tú posiblemente tengas que abrazar a esa niña herida, perdida; tristemente rechazada o solitaria. Para ello se hace necesario unir algunas piezas rotas que no fueron tenidas en cuenta por muchos años.

Pongo a disposición una serie de ejercicios que puedes realizar eligiendo con el que te identifiques o con el que hagas una mejor conexión.

EJERCICIO #1

Lo primero que tienes que hacer es:

a) Busca una foto tuya de cuando áreas niña, si es posible imprímela y amplíela en un tamaño de 12 x 15.
b) Revisa con cuidado y detalle esa foto. ¿Qué observas? ¿Hay algunos rasgos físicos de esa niña que aun conservas? ¿Qué

sentimientos te genera mirar en detalle esa foto? Puede ser alegría, tristeza, dolor, sufrimiento, enojo o miedo. ¿Amas a esa niña? ¿Puedes relacionarte con ella?

c) Escribe en una hoja o en tu cuaderno de rutina terapéutica algunas palabras sobre los pensamientos que automáticamente llegan a tu consciencia sobre esa niña que allí estas observando.

1. Ahora toma una hoja en blanco y con tu mano no dominante (la que no utilizas para escribir) intenta hacer un dibujo de tuyo de cuando eras niña, si es posible utiliza lápices de colores, no importa que tan garabateado pueda parecer ¡solo hazlo! ¿Qué te dice esa imagen? ¿Qué colores haz utilizado? ¿Qué está haciendo esa niña? Describe con detalle esa imagen.

2. Habla con tu *niña interior,* descubre más cosas de ella: - Hazle preguntas:

¿Qué es lo que más te gusta?

¿Qué es lo que no te gusta?

¿Que te hace sentir miedo?

¿Cómo te sientes?

¿Cuál es tu lugar favorito?

¿Qué necesitas?

¿Qué puedo hacer para que te sientas segura?

¿Cómo puedo hacerte feliz?

¿Hay alguien de quien tengo que protegerte?

¿Qué o quién te hace llorar?

Mantén un dialogo con esa niña interior, abrázala háblale como si la tuvieras al frente tuyo. Hazle saber que pase lo que pase, tu estarás allí para protegerla.

1. Mantén tus ojos cerrados y cántale una canción infantil o simplemente tararea una canción de cuna.

2. Imagina a esa niña más tranquila, sonriente y segura en tus brazos y acunada en tu corazón.

EJERCICIO #2: LA FOTO.

1. Busca una foto tuya cuando eras niña bien sea que te guste mucho o por alguna razón no te agrada; y si no la tienes averigua con tu mamá, tus hermanas, tías o primas y si es el caso de que realmente no exista una sola foto busca una de tu adolescencia, pero si tampoco es posible entonces; intenta elegir la imagen de una niña que más se parezca a ti cuando estabas pequeña; bien sea de una revista o de internet.

2. Guarda esa foto dentro de tu cartera en esos espacios que son comúnmente utilizados para guardar fotos o si prefieres la puedes usar como fondo de pantalla de tu dispositivo móvil.

3. La idea es que cada que abras tu cartera o tu móvil puedas ver esa imagen y le envíes mensajes cariñosos y pensamientos amorosos! Recuerda que es una niña que necesita reconocimiento y muchas manifestaciones de amor!

4. En la medida que mejoras tu relación con esa niña dale algunos caprichitos en su honor y se lo dices! hoy te ganaste este helado! ¡te voy a llevar al parque y puedes darte un paseo! Se trata de llevar a cabo actividades simples que disfrutabas de niña para comprometerte en su cuidado y en

su protección. Haz la prueba y te darás cuenta de los resultados tan asombrosos que obtendrás.

EJERCICIO #3: LOS RECUERDOS DE MI INFANCIA.

Elige una libreta llamativa, colorida o la puedes diseñar a tu gusto con dibujos, láminas o *stikers*.

1. Puedes pegar en la primera hoja una foto tuya de cuando eras pequeña o una imagen que pueda representarla, escribe frases bonitas de amor o de admiración.

2. Realiza una breve descripción de esa niña. Imagínate como si fuera el reporte de una maestra de *Pre-k* quien define a esa niña de tu interior.

3. Vas a elaborar un contenido cada día, no importa que tan extenso pueda ser, lo que realmente importa es hacer un inventario de emociones y percepciones que te ayuden a identificar las heridas o bloqueos de esa niña que habita en tu corazón.

Para que puedas hacer un buen ejercicio puedes apoyarte de estos cuestionamientos los cuales deben ser respondidos con detalles.

¿Eras una niña introvertida o extrovertida?

¿Cómo crees que te veían tus compañeritos de escuela?

¿Quién eras en la escuela? Y ¿quién eras en tu espacio familiar?

¿Qué crees que esperaban tu padre y/o tu madre de ti?

¿Te sentías amada por tus padres?

¿Cómo fue tu niñez?

¿Cuáles son los recuerdos más plácidos de tu infancia?

¿Cuáles eran los recuerdos más tristes que te marcaron para toda la vida?

¿Qué te hacía sentir diferente de los demás?

¿Qué te hacia llorar?

¿Cuáles eran tus miedos?

¿Qué hacías para sentirte amada por tus padres?

¿Quién te decía palabras cariñosas?

¿Cuándo eras niña cual era tu sueño?

¿A quién le tenías confianza para contarle tus secretos?

Te invito para que realices este ejercicio con la intensión de sanarte y liberarte de asuntos internos no resueltos, también te permitirá abrir tus niveles de consciencia y comprender porque no has logrado conseguir lo que siempre soñaste. Estos ejercicios que te llevarán a conectarte contigo misma te permitirán además transformar el dolor en sanación.

Muy seguramente vas a llorar, te vas a enfadar o vas a querer abandonar el ejercicio, pero no desistas quiere decir que vas por buen camino.

"¡Soy perfecta! Aunque haya fallado, ya me sané, me recuperé, me perdoné y sobretodo; cerré viejos ciclos"

CAPÍTULO IV:

SANAR EL ALMA A TRAVES DEL PERDON.

C ontinué con la puesta en marcha de todo un recorrido hacia el interior de mi ser para seguir con mi proceso de sanación acercándome poco a poco a la reconciliación; como la máxima expresión de amor, iniciando desde un proceso de conocimiento, de auto-aceptación, respeto hacia mí misma. Me tomé el tiempo suficiente para hacer una lista de todas aquellas personas a quienes era necesario perdonar, hasta por la más mínima situación o circunstancia que me hayan causado dolor, tristeza, enojo, frustración, miedo, rechazo o humillación; pasando por las diferentes etapas de mi vida. En esta larga lista incluí: Amigos, tíos, vecinos, maestros, mi madre, mi padre, mis hermanos, mi esposo, mis amigas, compañeros de trabajo, jefes; en fin todas aquellas personas que han ocupado un lugar en mi transitar por la vida; y no necesariamente porque me hayan

hecho daño o me hayan generado sufrimiento sino que desde mis percepciones lo que había causado en mi vida fue el estar aferrada a falsas creencias que me empujaban a un amor insano, a un concepto equivocado de humildad, en la carencia de poder observarme y reconocerme a mí misma a través de la mirada de mi amiga, de mi vecina, de la anciana, de la maestra hasta de la asistente de una tienda.

Llevaba tiempo suficiente preparándome en este proceso el cual era interrumpido bajo diferentes pretextos; no obstante sabía que estaba a un paso de darme el regalo más grande dentro de este trayecto del empoderamiento y era algo que me liberara ¿Que me liberara de qué?, que permitiera despojarme de mi pasado, de las heridas del corazón que aún no habían sanado de las que me había acostumbrado a cargar, Culpándome constantemente por asuntos que no me pertenecían, el pensar que hice cosas incorrectas, los sentimientos de culpa por ofensas cometidas o por sentirme inadecuada eran aspectos que necesitaba despojar para que permitieran continuar mi camino mucho más liviana y ligera emocionalmente; implicó perdonarme, aceptarme, y amarme como si no existiera otra opción; que me facilitara reducir el estrés, el enojo, los sentimientos de frustración abriendo paso a mi libertad emocional, a la libertad de mi expresión, a la libertad de mis pensamientos asumiendo que el perdón no era un ancla para quedarme más bien era ese pase que necesitaba para mi libertad, mientras que el resentimiento me estaba oprimiendo e iba con migo para todo lado; anulaba mis pensamientos y la capacidad de reflexión, provocando hostilidad e impulsándome a actuar de manera irracional. Lo que realmente tenía peso en mi ser requería de un buen trabajo de perdón; a pesar de mis resistencias fui iniciando mi proceso de perdonar para curarme y entender que muchos de los fracasos están relacionados con los dolores del pasado por lo que empecé a hacer un inventario de personas a quienes tenía que perdonar para poner fin de manera pacífica y transformadora a quienes que por alguna razón me olvidaron, a quienes sin querer quizás me agredieron y a quienes destruyeron intencionalmente o no lo que amaba.

Con el perdón se logra aliviar el alma por el daño que nos han causado o el daño que le hemos causado a otras personas convirtiéndose en un vehículo que nos conduce al bienestar emocional. Yo sé que es difícil comprender el perdón como un acto generoso donde se le da la oportunidad al otro de poder equivocarse y esta actitud significa que se está dando un primer gran paso a la reconciliación.

Fue preciso ser honesta y hacerme responsable de todo lo que he vivido de manera humilde entendiendo que es el Ego el responsable de sostener las ideas de separación y culpabilidad; estropeando cualquier búsqueda encaminada hacia la paz interior dando paso al resentimiento que no es más que volver a sentir (re-sentir) y traer al presente las emociones de llanto, de tristeza y enojo por asuntos que forman parte del pasado activando automáticamente memorias cargadas de sentimientos predisponentes al dolor, de allí la necesidad de entender que el Perdón es un regalo que nos damos a nosotros mismos para que nuestro presente sea más ligero de cargas y nos permitamos darle otra interpretación a nuestra historia asumiéndolas como experiencias de vida con sus propios aprendizajes. Encontrar paz en mi alma implicó sanar esas viejas heridas; perdonar cuantas veces permití que me hicieran daño, perdonar cuando en medio de la inconsciencia mi corazón entró en caos, por las veces que pensé en lo que hicieron en mi contra; pero que en realidad nunca ocurrió porque estaba basada en las percepciones que mi *ego* me hacía interpretar. Fue inevitable ponerme en el lugar de aquellas que desde mis sombras emití juicios alejados de la razón.

Sólo con un corazón tranquilo y sosegado se aprende a observar sin señalamientos y se le da la bienvenida con el alma abierta a nuevos conceptos y diferente a lo que nos habían enseñado acerca del perdón aquellos que de algún modo responsabilizan el comportamiento humano con calificativos de bueno o malo incidiendo en la decisión de aceptar o excusar a quien eligió lastimarme, implicó además reconocer que esas personas actuaron de acuerdo a sus experiencias de vida, desde las perspectivas que tenían del mundo. Era de comprender que cada persona que encontré en mi camino tenía un rol en mi vida; muchos de ellos me pusieron a prueba, otros me amaron profundamente, otros en cambio me utilizaron y hubo quienes también desde el dolor me enseñaron; y quienes obtuvieron de mí la mejor versión. El perdón desde la teoría es fácil de entender, los conceptos son atractivos al momento de leerlos; pero la aplicabilidad en tiempo real se torna difícil si no se logra un desprendimiento de esas creencias limitantes que no nos permite fluir libremente. En este recorrido del perdón también se hizo necesario hacer un inventario de todas aquellas personas que por mis heridas, mis experiencias de vida y mi pobre nivel de consciencia llegué a lastimar con actitudes inmaduras pisoteé, subestimé, rompí ilusiones y promesas; también agregue en mi lista todos aquellos que por mi insensatez, indiferencia, negligencia y falta de compasión fueron vulnerados.

Cuando el amor prevalece más allá del entendimiento y de la razón; empecé a experimentar la grandeza de mi interior en la medida que expandía la bondad y la compasión hacia los demás, tratando de ponerme en su lugar jugando con cuestionamientos como: ¿qué hubiera hecho yo si tuviera el mismo modo de percibir el mundo, como esta persona? Era como recrear un juego de roles: desplazándome imaginariamente en el lugar de la otra persona creando diálogos alternos (qué le diría y que me respondería esa persona). Fue un aprendizaje que me llevó a ver más allá de lo que creía desde mis limitaciones mostrándome un camino más fácil de recorrer incluyendo en mi extensa lista aquellas personas que se quedaron sin una explicación; a quienes generé confusión y desde sus marcos de referencia quedaron con una representación equivocada y nunca tuve o busque la oportunidad de aclarar las situaciones.

Deliberé la posibilidad de encontrar aprendizajes durante este hermoso proceso que brindó claridad a mis ideas y a mis percepciones poniéndome en acción hacia la transmutación de aquellas emociones cargadas de culpa y juzgamientos hacia una nueva etapa curativa y de evolución, comprendiendo que las personas que entran a actuar en nuestra vida vienen con la misión de generar aprendizajes y de igual modo nosotros cumplimos la misma misión en la vida de otros; posiblemente a través del malestar o del dolor nos ayudaron a crecer, a buscar otras opciones de vida; cuando aceptamos el evento tal como sucedió sin juzgar a nadie simplemente reconocer que quien nos hirió también tiene heridas que no ha logrado sanar, estamos abriendo paso a mirar la vida y las circunstancias desde la compasión lo que permite avanzar y evolucionar en el amor.

Quiero compartir con ustedes la historia de la *Langosta* que alguna vez escuché en alguna parte pero lamento no saber quién es el autor. La presente moraleja siempre la he tomado como referencia en los momentos que me llevan a confrontarme con situaciones que de repente me siento lastimada.

MORALEJA DE LA LANGOSTA

La langosta es un crustáceo cuyo cuerpo es blando, pulposo y carnoso, su cuerpo blando y vulnerable está cubierto con un caparazón muy rígido. Resulta que en la medida en que la langosta se va desarrollando y va creciendo no puede hacerlo, porque hay una limitante para crecer. ¿Cuál es la limitante? El caparazón. Es así como la langosta se esconde debajo de las piedras por un tiempo moderado para desprenderse de su caparazón el cual no le permite crecer. Y se esconde para protegerse de los predadores, en el tiempo que permanece escondida va desarrollando un nuevo caparazón y cuando esté lo suficientemente formado vuelve a salir al medio e inicia un nuevo período. Naturalmente sigue creciendo, periodo en el que se va sintiendo incómoda, experimenta mucho sufrimiento porque con el crecimiento; su cuerpo blando y carnoso se va expandiendo pero el caparazón se lo impide, causándole mucho dolor; es así como tiene que volver a esconderse debajo de las piedras y crear un nuevo caparazón, mientras va creciendo, va creando un nuevo caparazón; pero a la vez se va protegiendo. ¿Qué pasaría si la langosta no se desprende del caparazón? Imaginémonos que en el mar existiera un médico de fauna marina y le aplicaran alguna medicina a la langosta para que no sintiera dolor, lo más posible es que no crecería y quedaría allí adaptada a un medio cerrado y rígido. Sin sentir la necesidad de expandirse porque su dolor e incomodidad han sido adormecidos.

Es así como he relacionado la *langosta* con la vida misma. Cuando en los escenarios de nuestra cotidianidad encontramos personas que pueden tener la función del caparazón y quienes a través de las actitudes que nos han lastimado; como el rechazo, las injusticias o cualquier tipo de abuso nos brindaron la

75

posibilidad de crecer y de transformarnos; gracias a ese malestar y a esos momentos incómodos, fuimos empujados a dar paso a una nueva etapa llena de posibilidades y justo en ese momento en el que decidimos retirarnos de todo aquello que nos causaba daño nos damos cuenta que todo forma parte del cumplimiento de un propósito para ayudarnos a crecer y aprender.

Sin embargo el caparazón que ha causado mayor incomodidad en una de las etapas de mi vida ha sido la que yo sostuve por un largo periodo de tiempo como las veces que me juzgué, me culpabilicé y me lastimé a través de continuos señalamientos que robaron mi tranquilidad y mi paz interior, por asuntos que erróneamente me consideraba responsable por todo aquello que hice o deje de hacer en mi pasado, hasta que llegué a pensar que era merecedora de todas las carencias, limitaciones o aprietos que llegaban a mi vida sin saber que todo lo que estaba destinado a que NO sucediera sencillamente no sucedió por más esfuerzos que haya hecho para que así fuera y que todo aquello que estaba destinado a suceder, simplemente sucedió a pesar de los esfuerzos para impedirlo. Esta es la única realidad lo que era para ¡mi! me llegó sin buscarlo y lo que no lo era por más que lo haya intentado evidentemente no era para mí. Total los sucesos que forman parte de mi vida solo me pertenecen a mí como parte de mi aprendizaje.

"cada nuevo nivel de mi vida me exigió una mejor versión de mi misma"

Uno de los capítulos más comprometedores de mi vida está relacionado con la historia en torno al nacimiento de mi hijo quien llego después de una dulce espera, a quien había gestado en mi corazón desde que mi alma vibraba con los pensamientos fantasiosos de la maternidad, quien habitaba en mi corazón y en mi realidad emocional incluso desde antes de concebirlo, su género y su nombre ya los tenía asignados aun sin saber quién iba a ser el portador de tan esperada semilla. Llegó el momento de prepararme para la amorosa misión de germinar en mi vientre una hermosa alma con quien desde el comienzo de mi gestación ya existía una conexión que me llenaba de una felicidad indescriptible, preparé con detalle su bienvenida, desde mi corazón solo emanaba amor, gratitud y un lecho proporcionado para acoger a mi criaturita, era una experiencia única y diferente al común de las madres gestantes donde solo advertía bienestar, sin las incomodidades propias de esta espera hasta el momento del alumbramiento donde no hubo tan siquiera los dolores para los que me estaba preparando sobrellevar. Llego el momento de su llegada y mi corazón aumentaba cada vez más su actividad cardiaca de tal manera que creía que su palpitar se alcanzaba a escuchar aun desde el lugar más recóndito del cuarto y fue justo en ese mismo momento cuando un silencio ensordecedor invadió aquel lugar que me decía que algo no estaba bien, no escuché el llanto esperado de mi bebé, nadie decía nada, el miedo inundó mi ser generándose una agitación nerviosa incontrolable en todo mi cuerpo quizás por efecto del miedo que estaba asaltando hasta las fibras más profundas de mi alma. Se venía a mi cabeza un torbellino de preguntas hasta el punto de pensar que esa criaturita que había albergado en mi vientre con tanto amor e ilusión había llegado a este plano sin vida; quizás lo pensé así porque no tuve la oportunidad de recibirlo en mi pecho y sentir el contacto directo de su piel con la mía tal como había poetizado ese prodigioso momento; Un motivo más para haberme imaginado lo peor. ¡De repente! el pediatra que asistió el nacimiento de mi criaturita, un hombre joven cuyo aspecto lucía algo así como Harry Potter; lo digo por su rostro casi infantil, la forma de sus lentes, el corte de su cabello y el color de sus ojos en ese momento por milésimas de segundo me desconecté de la inquietud por la que estaba pasando remontándome a una de las escenas de la piedra filosofal de Voldemort, pero rápidamente fui interrumpida por el doctor quien con una sonrisa amplia y un poco nerviosa me presenta a mi bebé envuelto en una manta azul celeste pero sin dejarme ver su rostro mientras mis dudas aumentaban antes de dejarme ver su rostro me explica que el bebé había nacido con unos rasgos particulares en su rostro y que solo era cuestión de corregirlo quirúrgicamente ¡Oh Dios mío !Fue el encuentro más sublime que haya experimentado en mi vida al encontrarme directamente con la mirada de ese hermoso ser que me observaba fijamente con sus ojos grandes y vibrantes, era tan pequeño, tan frágil y dulce; pedí que lo acercaran a mi rostro para besarlo, para hacerle mi promesa de amor maternal mis labios se posaron sobre su hendidura facial como impronta del juramento de mi entrega incondicional. Reconocí en ese pequeño ser como una extensión de mi alma y lo cobijé en mi corazón, mientras lo abrazaba con mi rostro porque tenía mis manos atadas al tiempo que se deslizaban unas delgadas lágrimas por mis mejillas, dije suavemente pero con fuerte convicción *"¡Hijo! bienvenido a este mundo, tú eres un regalo de Dios para la vida, y la vida es un regalo de Dios para ti"*. Y desde entonces aún sigue siendo el *slogan* con la que reafirmo su bella existencia.

Rápidamente se lo llevaron de aquel lugar mientras que mis pechos quedaron en la espera de ser vaciados por el amamantamiento que no se dio, mientras mi mirada seguía aquel pedacito de mi alma envuelto en brazos de un desconocido mi cabeza daba vueltas y mis pensamientos se volcaban en un tsunami de miedos, interrogantes, promesas y sentimientos de culpa.

¿Habré hecho algo mal? ¿Tuve alguna conducta arriesgada durante el embarazo? ¿Qué comí, que vitaminas omití? ¿Por qué me expuse a ciertos lugares? ¿A quién le hice daño? ¿Qué consecuencias estoy enfrentando? ¿Qué deuda estoy saldando? Este hijito lo engendré en mi corazón desde que tenía 19 años, ya había determinado su sexo, su nombre, lo había gestado con todo el amor y con toda la ilusión. Fue una etapa de gestación feliz tranquila y agradable que supero todas mis expectativas. Lleve a cabo muchas acciones para que fuera un embarazo tranquilo, con un alumbramiento lo menos estresante posible. Quise evitar cualquier forma que fuera a generarle a mi hijo traumas del nacimiento no obstante fue necesario proceder a la cesárea porque estaba presentando sufrimiento fetal al traer doble envoltura del Cordón umbilical alrededor de su cuello y este acontecimiento aumentaba más mis punzantes cuestionamientos ¿qué estoy pagando? ¿Qué puedo hacer por mi criaturita? Y desde el silencio de esa fría y lúgubre sala de partos me repetía mentalmente una y otra vez las promesas de luchar ante los desafíos que se me ponían al frente para iniciar un nuevo caminar, pero otro miedo que hacia presión en mi pecho era el pensar quienes estaban dispuestos a acompañarme en esta prueba y me refiero específicamente de mi esposo, estaría igualmente dispuesto desde su corazón a caminar al mismo paso y compas? Además de mis sentimientos de culpa ¿habrá alguna razón en la que él me pudiese juzgar? El temor al abandono revoloteaba en mi mente al igual que aparecía el miedo al rechazo por no cumplir quizás con las expectativas que tenía con migo, en fin eran unos pensamientos absurdos a la vez que me alzaba de coraje pensando que sería ¡sola o acompañada! Pero el camino para emprender la marcha en la búsqueda de los recursos para el procedimiento de mi hijo ya estaban aflorando en mi alma, pero no estaba sola estaba mi esposo como todo buen guerrero dispuesto a iniciar la marcha a mi lado con la

79

ternura de su mirar y el coraje de su corazón salió en busca de su hijo con quien sostuvo una conversación íntima entre voces y balbuceos, promesas, besos y arrullos. Conmovido ante la conexión que se dio entre padre e hijo a través de esa profunda mirada quedo atrapado de por vida; igualmente encontré a mi familia sensibilizada ante el nuevo miembro con unas características particulares que a pesar de no entender las razones, ni de poder entender las condiciones clínicas estaban comprometidos para acompañarnos, apoyarnos y acoger amorosamente a nuestro hijo en sus vidas.

Después de que se llevaron a mi hijo, muchas cosas empezaron a darme vueltas en mi cabeza y traje a mi memoria todos los errores cometidos en mi pasado, los daños causados, las lágrimas que por mi insensatez le generé a mi mamá, los enojos provocados a mi papá. Empecé a traer a mi memoria el desorden y los excesos de mi juventud; empecé a hacer un listado de culpas y de daños causados a otros y a mí misma, y en momentos de silencio llegué a pensar que posiblemente era un "escarmiento divino" y a raíz de estos pensamientos duré mucho tiempo flagelándome con pensamientos acusadores.

Indudablemente tuve un período incesante de percepciones equivocadas respecto a lo que estaba viviendo en esos precisos momentos sin darme cuenta que todo formaba parte de mi proceso, ante esta reflexión viene a mi mente un pensamiento que ha sido un buen punto de inspiración y dice: " *Ningún mar en calma hizo experto a un marinero*" esta frase siempre me ha resonado, que la vida es como una expedición en altamar donde hay días en calma que permiten estar placenteramente acomodados contemplando las maravillas del paisaje pero también; hay días de turbulencia con fuertes tempestades que nos obliga a salirnos de ese estado de quietud para enfrentarnos con valor y determinación en el mando y control del barco; que después de varias maniobras y basado en experiencias anteriores puede salir a flote con la convicción de que cada tormenta viene con sus propios retos.

Hasta que llegó el momento de hacer un alto a mis constantes desaprobaciones abrazándome fuerte y amorosamente y en esos momentos a solas reconocí que yo era ese hermoso canal que había transportado ese maravilloso *"guerrerito de luz"* e inicié la innovación de mis sentimientos a través de pensamientos compensatorios y restauradores comprendiendo y reconociendo que mi hijo es una obra perfecta de la creación divina y aún sin tener bien claro mi propósito de vida estaba convencida que él había llegado con una misión noble sin que me debiera preocupar por el ¿Cómo? Ni el ¿Cuándo? Simplemente fluir con cada etapa y cada desafío que se nos iba presentando. Entendiendo que su condición médica estaba categorizada como un síndrome cráneo-facial atípico comprobado la existencia de tan solo tres casos clínicos en el mundo incluyendo a mi hijo; en sigilo pensaba que probablemente ésta bella criaturita iba a aportar directa o indirectamente desde su condición particular a las acciones investigativas de la comunidad médico-científica donde serán otros niños venideros quienes podrán ser beneficiados, ¡total! fuese cual fuere el plan divino, la mejor opción era vivir el proceso con mi criatura, sin cuestionar, sin buscar respuestas; simplemente vivirla como la más linda prueba que Dios me proporcionó para robustecer mi lealtad, el amor bondadoso y la gratitud.

CAPÍTULO V:

LIBERANDOME DE MIS SENTIMIENTOS DE CULPA

E mpecé a ser consciente que todo lo que ocurría en mi vida sucedía de tal manera como necesitaba vivirla para aprender de ella, con nuevas experiencias y contribuir a mi propio crecimiento, solo bastaba con dar inicio al proceso de soltar y dejar fluir con menos reproches, y más amor; ya no era echarme más en cara mis errores y eliminar cualquier punzada que lanzaba a mi corazón cada vez que mi mente era asaltada por algún irreflexivo recuerdo.

El amor hacia mí misma era primordial para dar paso a nuevas posibilidades, tomando control total y absoluto de mi vida para ser esa mujer valiente y fuerte que necesitaba mi hijo, enfocando toda mi energía en el amor, a la adaptación paulatina de los cambios, de los diferentes momentos, y circunstancias;

controlando mis pensamientos, trazándome retos diarios enfocada en el disfrute y en mantenerme florecida en esta nueva etapa de mi vida; regalarme momentos de silencio, escuchar la frecuencia de mi corazón me ayudó a danzar y recrear en los escenarios rotos que me dejó importantes lecciones como el que cada momento que llega es el correcto, y no pudo haber sido de otra manera.

Quiero compartir una oración de sanación espiritual que me alimentaba cada vez que la repetía por su contenido cargado de verdad, gratitud y sabiduría:

Querido pasado gracias por todas las cosas buenas y malas que sin pensar y sin ser consciente de ello te elegí en aquel momento presente, por que fuiste lo que creí más conveniente desde mi modo de ver las cosas. Algunas cosas salieron mal, por lo tanto no me debo juzgar porque desde la tosquedad de mi pasado ha surgido la sabiduría de mi presente. De todos mis errores surgieron enseñanzas grandiosas; de la adversidad ha surgido las nuevas oportunidades, solo a través del dolor aprendí el valor de lo que es realmente el amor, y de lo peor admití que es lo mejor. Gracias pasado porque de ti se gestó mi presente y hoy decido soltarte para fluir y seguir mi camino con la mirada hacia el frente.

El proceso de sanación interna que estaba concibiendo me llevaba a conocer mis potencialidades, como el amor infinito y la capacidad de amar. En silencio solía memorizar y asimilar la siguiente reflexión : "Las cosas han sido tan perfectas, mi camino ha sido tan perfecto, que con todos esos errores y con todas esas subidas y bajadas me estaban preparando para enfrentarme a lo que estoy viviendo hoy en día, me estaba preparando para vivir situaciones de grandes aprendizajes, en los cuales yo iba tener un mosaico de historias y aventuras que contar, enseñanzas que transmitir, sin miedo a que me frenara lo desconocido porque me había armado de todo el coraje y la confianza en espera de la recompensa como es la de tomar el poder y la creatividad para expandir mi alma dando inicio a nuevos capítulos sin repetir ni uno solo ."

Después de un hermoso tiempo de reacomodación, aceptación y reorientación de mis propósitos hacia nuevos caminos y demostrarme que puedo mejorar mi versión; cada día inicié un nuevo proceso quizás el más sublime y humanizante para cualquier persona como es el *Perdón*.

Fue necesario un poco de valor y un tanto de humildad para reconocer que necesitaba liberar a mi ofensor de las cargas generadas por mi dolor necesitando una buena parte de comprensión y amor en gracia para darme la oportunidad de perdonar y liberar compasivamente el deseo de castigar o cobrar revancha hacia quienes en algún momento de mi vida me ofendieron o me causaron daño. El perdonar es una opción personal que nos permite liberarnos de cargas emocionales que no nos corresponde seguir arrastrando por el daño que causa tanto en la salud psicológica como en salud física en general; por lo que se hace necesario perdonar para poder avanzar sin permitir que los eventos tristes del pasado afecten el presente.

Cuando entendí que perdonar es un acto generoso que el aceptar la equivocación del otro no se trata de olvidar la ofensa recibida puesto que es imposible borrar de nuestra memoria los eventos que hemos experimentado por lo que se hace necesario retomarlos, aceptarlos y sacar aprendizajes de ellos; el situarnos en su lugar y entender su comportamiento quien seguramente ha cargado con su propio dolor y sus propias lastres emocionales, entendí que no me corresponde a mi juzgarlos sino liberarlos de mi enojo y de mi resentimiento para mi propio beneficio; por consiguiente fui dando paso al reconocimiento de mis heridas, sentirlas, reconocerlas e identificar la manera como me han lastimado y el modo de como he actuado para hacer frente a ese dolor, no para reparar el daño recibido, al fin de cuentas ya está hecho; sino para liberarnos y experimentar un estado de felicidad y armonía en nuestro interior. Tampoco es nuestra responsabilidad controlar el comportamiento de lo demás; pero sí en cambio podemos gestionar la manera como nos afecta las acciones de estas personas con nosotros, de allí la importancia de aprender a poner límites, a ser asertivos, a elegir a quien queremos tener en nuestras vidas y también como retirarnos y alejarnos de quienes nos lastiman o rompen con nuestra paz y armonía interior.

Sin lugar a dudas era preciso iniciar una rueda de perdón con migo misma; perdonándome por las veces que fui dura conmigo misma, por las mentiras con las que enmascaraba mi realidad, por los engaños a quienes en algún momento confiaron en mí, me perdoné por permitir que me hicieran daño; porque siempre castigué mi auto imagen, por haber hablado de más y también por lo que calle, por las veces que no me defendí las veces que me acusaron, por juzgar sin ponerme antes en el lugar del otro; me perdoné, por involucrarme con personas equivocadas, por los excesos que tuve en mi juventud; me perdoné por no apreciar y valorar este empaque hermoso y perfecto que tengo como cuerpo, me perdone por las veces que no creí en mí; por exigirle a los demás lo que yo nunca fui capaz de darme; me perdoné por sentirme culpable de haber dejado mi país, de haber renunciado a mi profesión en cierto momento; me perdoné por sentirme culpable de haber abandonado mi familia, por sentirme culpable por no haber luchado desde un principio para conseguir mis sueños ; me perdoné porque le abrí las puertas al desánimo y me perdoné por no permitir honrar y sacar la mejor versión de mi misma y por aplazar tanto tiempo mi empoderamiento femenino.

A través del perdón me di el consentimiento de liberar aquellas cuentas que aún no tenía liquidadas, esos saldos en rojo que aún conservaba con mis supuestos "ofensores" dándome la oportunidad de limpiar mi presente así haya estado arrastrado con el peso del resentimiento desde muchos años atrás acumulando sentimientos que no habían permitido cerrar las heridas. También empecé en ese proceso de reconciliación, a perdonar mis antepasados, mi linaje familiar, pensamientos, estilos de vida, desórdenes, conflictos y por toda esa herencia familiar invisible que cargaba sobre mi espalda. Perdoné toda mi herencia familiar; desde mi mamá, mi papá, mis tíos, mis abuelos, mis bisabuelos, todas mis generaciones atrás; las perdoné porque yo quería empezar a liberarme de ese equipaje atiborrado que me afectaba y que de alguna manera lo podría estar traspasando a mi hijo. Me liberé y liberé a mis ancestros, para poder avanzar de una manera mucho más libre y más tranquila. Del mismo modo hice una reconexión con mi vida espiritual con la que también se hizo necesario entrar en una etapa de perdón; por las veces que puse en duda la Fe y la Esperanza, por permitir que mis miedos fueran más grandes que mi fe misma, Pedí perdón por no haber hecho lo correcto para afianzarla , por haber tomado distancia con mi fuente divina; me perdoné por no haber confiado en que el tiempo de Dios es perfecto y que era El quien quitaba de mi camino lo que no me convenía para dar paso a nuevas cosas, personas o situaciones que eran más convenientes para mí y por último me perdoné enormemente por dudar de todas las bondades que he recibido de parte del creador que desde la inmensidad de su amor me provee diariamente todo lo necesario para vivir y ser feliz.

Terminando este proceso, me permití acomodar todas las piezas de mi *puzzle* que encajaran unas a otras para darle una forma más armónica e integra a mí ser; procedí hacer un reseteo de las memorias de mi alma y de mi corazón; permitiendo la expansión de mis sentimientos de amor y el despertar de mi consciencia abriendo camino hacia mi empoderamiento. Después de esta enriquecedora y maravillosa experiencia me permití continuar viviendo mis procesos de manera mucho más estructurada, con mayor aceptación y confianza por las cosas maravillosas que están reservadas para mí.

Cada persona que pasa por nuestra vida es única con su propia luz y sus propias sombras, dejando huellas imborrables en nuestra memoria, pero la vida continua somos nosotros los responsables de crear paz en nuestro interior o volvernos locos tratando de entender las razones del porque sucedió tal o cual situación, se trata de soltar , aprender y fluir.

"Cuando hemos sido tratados injustamente por otros debemos tener las herramientas para lidiar con eso para que los efectos de esa injusticia no se agarren de una manera insalubre"

Dr. Robert Enright.

Quiero compartir desde mi experiencia con mis propios argumentos algunos ejercicios prácticos que se pueden realizar individualmente que serán de gran ayuda para liberarse y hacerle frente al dolor a través del perdón.

EJERCICIO #1: PASOS QUE SE NECESITAN PARA PERDONAR

1. Aceptar lo ocurrido. Para ello se hace necesario conocer la causa de nuestro dolor y sufrimiento esto facilita la oportunidad de afrontamiento.

2. Ponernos en el lugar del otro. Es una manera de entender el comportamiento de la otra persona y pensar como hubiésemos actuado si nos hubiese tocado estar en su lugar y experimentar sus emociones en ese momento.

3. Tener presente las veces que hemos sido perdonados. Reconocer que nosotros también hemos hecho daño a otras personas en algún momento que el grado de dolor no lo determinamos nosotros puesto cada quien lo experimenta según sus propias percepciones; todos tenemos derecho a cometer errores y también tenemos la oportunidad de reparar el daño.

4. Expresión de sentimientos. Tómate el tiempo para sentir e identificar tus emociones, puedes tomar un lápiz y papel y expresar libremente todo los pensamientos y sentimientos que fluyen en ese momento en relación al evento o persona que te ha causado el dolor.

5. Toma de decisiones. Solo tú puedes elegir entre perdonar y sanar o continuar cargando con el peso del dolor que no te deja disfrutar de la vida a plenitud.

6. El Perdón como cura. Pensar que es algo así como un antídoto para eliminar el dolor causado.

EJERCICIO #2

Según el Dr. Roberth Enrigth quien es un pionero en estudios relacionados con el perdón, expone un modelo basado en cuatro

fases para ayudar a perdonarnos a nosotros mismos y a los demás.

1. SABER QUE EL PERDON ES POSIBLE. Lo primero es creer y tener confianza de que si existe realmente la posibilidad de perdonar; además de reconocer en el perdón la solución real de nuestros problemas emocionales.

2. TOMAR LA DECISION DE PERDONAR. Debes en primera instancia sentir la necesidad de perdonar y tener claro que con el acto del perdón no se busca cambiar a nadie, ni cambiar la historia; sólo es entender el impacto favorable que hay en las emociones a través de este acto.

3. HACER UNA LISTA. Esta parte es quizás una de las más difíciles porque se trata de enumerar una a una las personas que desde la infancia te han hecho daño en diferentes maneras, la idea es comenzar con las personas que te han causado mayor dolor. Es importante hacer contacto con la emoción para procesarla.

Nota: Solo puedes pasar al siguiente paso cuando te sientas preparado para hacerlo.

4. EXPONER EL ENFADO. En este paso se hace un inventario emocional con preguntas como:

¿Cómo te va en términos de tu ira?

¿De qué manera la haz estado negando?

¿Sientes más enfado de lo que creías?

¿Cuáles son las consecuencias físicas de tu ira?

Ahora que has revisado los efectos de tu ira, surge una nueva pregunta la cual debes de responderte con la mano en tu corazón ¿Quieres sanar?

5. ASUMIR EL COMPROMISO. Reconocer los efectos negativos de la Ira y su fuerte incidencia en la infelicidad y la probabilidad de intentar sanarse a través del perdón.

6. CONSIDERAR A LA OTRA PERSONA. Es en este punto donde comienza el proceso de perdonar, implica pensar en la otra persona pero esta vez de una manera diferente a como se ha venido haciendo. Es considerar puntos como: ¿Esta persona fue herida de alguna manera? Y si es así ¿Cómo su herida contribuyó de alguna manera en la tuya?

7. RECONOCER LA EXISTENCIA HUMANA DE LA OTRA PERSONA. Permitirse mirar en el otro a un ser humano igual a ti, con las mismas condiciones humanas a las tuyas, las mismas necesidades y las mismas carencias; aunque estén manifiestas de otra forma según tu perspectiva.

8. ESTABLECIENDO UN DIALOGO DESDE EL CORAZON. Estés consciente o no las acciones de la otra persona han endurecido un poco tu corazón, en el momento que decidas tener una comunicación compasiva, un entrenamiento encaminado en el perdón comienzas a sentir la liberación de la ira malsana.

9. ABRAZA TU DOLOR. Es muy normal sentir una sacudida emocional y reencontrarse con el dolor; y justo es ese dolor el que te lleva a hacerte más fuerte, en considerar que si logras ver el lado humano de quien no tiene la capacidad quizás de ver la tuya.

10. REFLEXIONAR Y DESCUBRIR. Cuando se pasa por un periodo de sensibilización en cuanto a la parte humana se refiere, te das cuenta que te vas haciendo más consciente de las heridas con las que carga la humanidad y te vas haciendo más fuerte, más consecuente frente al dolor del otro y te sientes más feliz.

11. REINICIAR EL PROCESO. Es importante darle un vistazo nuevamente a la lista que elaboraste ¿la recuerdas? Te darás cuenta que tus sentimientos de algún modo han cambiado y antes de lo que pensabas habrás perdonado a las personas que te lastimaron, te sientes con más plenitud, más fuerza, paz y armonía.

EJERCICIO #3

Ya hemos visto diferentes maneras de trabajar el perdón pero eres tu quien eliges con el que resuene más tu corazón; para este ejercicio también debemos prepararnos porque de nada sirve sentirnos obligados a realizarlo y menos aún si se trata de complacer a alguien que nos hace la petición. El perdonar es un proceso muy personal y se lleva a cabo en el momento mismo que estemos dispuestos y lo deseemos de corazón.

PASOS PARA INICIAR EL PROCESO DE PERDONAR:

1. Crear una conversación con esa persona que te ha lastimado o quien te ha hecho daño de alguna manera donde le expresaras lo que sientes, darás a conocer como desde aquel momento o aquellos acontecimientos suscitaron en ti sentimientos de rabia y dolor, no es necesario que aquella persona esté en cuerpo presente; se puede hacer imaginariamente.

2. Abre tu corazón para expresar de manera abierta y lo más honesta posible, manteniendo una actitud de respeto, evitando palabras ofensivas y/o gritos por ejemplo; proyectarás las emociones que viviste en ese preciso momento, y te darás la oportunidad decir lo que te hubiese gustado reclamarle a esa persona y lo que te hubiese gustado escuchar.

3. Aceptar el evento tal como sucedió y aquí me apoyo en la segunda ley de espiritualidad Hindú donde indica que: *"Lo que sucede es la única cosa que podía haber sucedido"* Nada, absolutamente nada de lo que nos pasa pudo haber sido de otra manera ni siquiera el detalle más pequeño. Todo lo que sucede en nuestra vida es perfecto aunque generemos resistencias para creerlo, por lo tanto debemos tomarnos un espacio para reflexionar sobre los aprendizajes que nos dejó esa situación y nos prepara para situaciones similares venideras.

4. Agradecer de manera humilde lo que nos sucedió, reconocer los buenos momentos que viviste con esa persona, los gratos recuerdos y los aprendizajes; agradecer todos los detalles que vienen a tu memoria.

5. Despedir con amor los recuerdos, dejar fluir o dejar partir a la persona y liberarla del sentimiento (enojo, frustración, dolor entre otros) que aún te une a ella; hazlo desde la tranquilidad de tus pensamientos no desde el enojo sino desde el amor compasivo. Al cerrar este ciclo empieza tu evolución y aprendizaje.

Después de esta acción podrás experimentar una sensación de mayor ligereza emocional que antes, probablemente necesites repetir el ejercicio varias veces hasta que llegue el momento que en cuanto traigas el evento o recuerdo a tu memoria ya no altere tu paz interior; solo así te darás cuenta que has logrado liberarte y sanar tu corazón a través del perdón.

Personalmente y a consciencia realicé diferentes ejercicios encaminados a fortalecerme en el perdón y entendí que el mejor regalo que pude darme a mí misma fue la acción del perdonar, fue liberarme de un equipaje que venía cargando con ofensas y agravios que yo misma había creado desde mis creencias y otras percepciones frente a los demás; creándome unos estados emocionales amañados que solo lograban hacerme sentir más lastimada. Liberarme de ese equipaje implicó soltar los recuerdos de personas y situaciones que por ninguna razón deben estar en mi momento presente, puesto que solo pertenecían a un pasado que igual ya no existía, hice las paces con mis sentimientos, con mis recuerdos; abrí caminos al amor compasivo a disfrutar y aprender todo lo nuevo que llegara a mi vida sin importar cual fuera el impacto que pudiera generar, sin delegarle ningún tipo de poder sobre mí; porque finalmente soy yo quien decido con que me quedo en mi corazón, aprendí también a soltar y dejar fluir desde la abundancia del amor.

ES HORA DE DARTE LA OPORTUNIDAD DE TRABAJAR POR TUS SUEÑOS

Si no se tienen resultados inmediatos no es que estés haciendo algo mal simplemente estas en el proceso en el que necesitas confiar un poco más; es saludable dejar de estar buscando culpables o estar buscando excusas que justifiquen el retraso de la consecución de las metas trazadas, todo tiene su tiempo y espacio solo requiere perseverancia, optimismo y pasión por lo que estás haciendo y para una mejor comprensión de lo que estoy exponiendo me permito compartir la historia que puede ser perfectamente ese punto de referencia donde explica el tiempo de espera y la relación con el logro de los propósitos.

EL BAMBU JAPONES.

Esta lección realmente me inspiro para continuar con mis sueños porque tenía dos opciones o era avanzar hacia mis metas o quedarme acomodada en el fracaso.

El afán de obtener dinero, fama, prestigio o de tener resultados rápidos en las metas que nos proponemos nos podría llevar al fracaso; o bien a abandonar tempranamente los proyectos perdiendo motivación para insistir y continuar en la consecución de los mismos.

Para entender mejor el proceso de crecimiento personal tomo como referencia la planta de bambú cuyos tallos son realmente fuertes y en algunas especies alcanzan un tamaño hasta de 100 pies de altura, pero lo que no sabe la mayoría de las personas es que durante sus primeros cinco años no muestra ningún crecimiento y se desconoce también que sus semillas no alcanzan a enterrarse en la tierra a pesar de los cuidados y la dedicación que se les ofrece; sin embargo quienes lo cultivan son constantes y no desisten de sus cuidados aunque tengan momentos de frustración y duda en cuanto a su desarrollo.

Solo hasta cinco años después empieza a mostrar sus primeros tallos y de manera sorprendente en cuestión de días crece de una manera vertiginosa.

¿Que te dice esta historia?

¿Cuantas veces has abandonado un sueño o un proyecto?

¿Cuáles han sido las razones que te han llevado a perder la motivación para conseguir lo que tanto has anhelado?

Eres el artista de tu proyecto de vida; ahora ya tienes lápiz y color puedes trazar tu propio trayecto solo necesitas confianza, disciplina, perseverancia y un poco de creatividad.

CAPÍTULO VI:

EL ARTE DE BENDECIR.

En este trayecto en el que me he aventurado me he encontrado con muchos retos en el que ha sido necesario, dejar de pensar, dejar de pelearme con mis viejos conceptos, abrirme a nuevos paradigmas, soltar responsabilidades que no me corresponden; para continuar avanzando incorporé una nueva práctica en mi vida cotidiana dándome la oportunidad de aplicarlo en todo momento y ante cualquier circunstancia y es la costumbre de BENDECIR; aunque les confieso que anteriormente cuando yo escuchaba la gente enviar bendiciones por doquier o decir "Dios te bendiga" en cierta forma me incomodaba un poco, lo veía como una superficialidad porque lo consideraba propio de las madres hacia los hijos o de las abuelas hacia sus nietos; quienes lo hacían de una manera rápida y casi automática o en el común de los casos me parecía que era correspondiente a los sacerdotes o líderes religiosos.

Con el tiempo en la medida que me iba involucrando más en el campo de la espiritualidad incorporaba poco a poco la acción de bendecir pero esto fue un proceso que fui introyectando en mis pensamientos y en mis emociones paulatinamente a fin de hacer consciente el acto de bendecir a los demás, bendecir lo que encontraba en mi camino, bendecir lo que era agradable para mí o lo que tenía alguna utilidad; pero cuando las cosas se mostraban difíciles o desfavorables simplemente no lo hacía, pero tampoco maldecía además porque una de las enseñanzas que me quedó por parte de mi papá era nunca maldecir a nadie ante ninguna circunstancia. Recuerdo cuando joven como lo miraba sorprendida y un poco desconcertada cuando seguido de un fuerte golpe o un martillazo en su dedo pulgar mientras hacía labores de reparación en casa solía decir "bendito sea mi Dios" nunca lo entendí; pensaba que lo mejor era vociferar una mala palabra pero ¡no era así! Las malas palabras y las maldiciones eran prohibidas en mi casa, pero no comprendía la razón de bendecir algo que causaba daño o dolor.

Con el tiempo advertí que estamos en un mundo benéfico y que el bien se encuentra en todo lo que nos rodea por donde nos movamos, lo que vemos y percibimos están creados para nuestro más alto beneficio siendo en menor proporción los factores destructivos existentes, considerando que todo está relacionado a nuestras percepciones y los conceptos que se tienen entre el bien y el mal los cuales están sujetos de acuerdo a nuestro intereses, patrones mentales y conexiones relacionadas a la cultura y nuestros propios marcos de referencia.

Soy yo quien le da el valor a las cosas a sí mismo es mi

responsabilidad atribuir los beneficios que van de acuerdo a mis necesidades e intereses; pero si es al contrario que me encuentro con una situación que desde mi percepción no es favorable he logrado considerar que existe la posibilidad de disolver o minimizar el impacto del mal con el sencillo acto de *bendecir* todo lo que sucede a mi alrededor y lo que encuentro en mi camino. Desde mi experiencia y mi praxis puedo asegurar que la bendición aligera mis quejas y me ha llevado a ver el bien inherente de todo cuanto existe.

Voy a compartir un ejemplo que tomé de algún sitio del internet desconozco su origen pero me parece una manera muy gráfica para describir la acción de bendecir y ver más allá de la queja.

Imaginémonos que entramos a una casa desconocida y de repente se cierra la puerta de ingreso quitándome la posibilidad de salir corriendo, la casa está completamente a oscuras no entra ni una sola línea de luz por ningún lado porque carece de ventanas; pero tienes la certeza que en algún lugar de ese espacio existe un interruptor de luz, y a tientas te vas desplazando y explorando paredes en su búsqueda hasta que lo encuentras!

Tampoco podemos ver la electricidad pero al accionar el interruptor de luz estamos confiados de que se encenderá la luz vaya que gran alivio se siente al ver iluminado todo el lugar. La oscuridad ha desaparecido. Es así con este ejemplo que podemos relacionar como el bien se encuentra ligado en cualquier situación que fluye de la misma manera como fluye la electricidad, lo que se requiere es disolver las percepciones encasilladas que tenemos del mal.

En la medida que se bendice de manera consciente a todos y todo lo que existe a tu alrededor incluyendo tus experiencias, permite que todo fluya para nuestro beneficio, lo bueno se incrementa y lo que era dañino empieza a debilitarse. Entre más bendecimos mayor es la "corriente de luz" que empieza a iluminar cada rincón que se encontraba a oscuras desde nuestra percepción. Es así como las fallas, las limitaciones, lo negativo se disuelve poco a poco en la medida que bendecimos de manera consciente y conectada con nuestro corazón.

La aplicabilidad del ejercicio esta en tomar el control absoluto ante cualquier percepción del mal que podamos tener y es así como la bendición es como la luz que al encontrarse con la oscuridad automáticamente la disuelve.

A propósito quiero contarles una experiencia que tuve hace mucho tiempo en mi anterior lugar de trabajo. Yo solía llevar todos los días mi lonchera al trabajo y un día la olvidé junto con mi viejo suéter negro, el cual posteriormente en medio de mis afanes los "retomé" saliendo de jornada laboral; pero al llegar a casa me percaté que el suéter que había tomado no era el mío, era uno igual de viejo y feo al mío, pensé en regresarlo al día siguiente, pero como soy bastante distraída siempre lo olvidaba en casa ; una mañana muy fría lo tomé y de manera ingenua y desprevenida me lo puse y así aprovechar para retornarlo al lugar correspondiente; pero lo que nunca imaginé era lo que iba a suscitarse tras esa prenda de vestir. Resulta que en dicho lugar de trabajo había una personita de quien nunca entendí la razón por la cual no formaba parte de sus afectos pero en realidad ese no era un punto que me inquietaba; pero ella permanentemente estaba buscando la manera de fastidiarme, de hacer más difícil mis jornadas de trabajo aunque la verdad trataba de no dejarme afectar por sus actitudes y hacer caso omiso a sus retaliaciones.

Sucedió que el suéter que por equivocación había tomado ¡justo le pertenecía a ella! y me enteré porque advertí que algo estaba sucediendo en el área de trabajo, observé como aquella chica hablaba con supervisores, *managers* con hasta el gerente ¡en fin! Me pregunté ¿Qué le estará sucediendo a esta mujer? Y m pensaba que algo grave pasaba ante tanta revolución; lo que nunca me imaginé era que yo estaba involucrada en ese "cuchicheo", hasta que me llamaron para un extenso interrogatorio; de repente en ese momento me causó risa, me parecía absurdo todo ese alboroto que se había generado por un viejo suéter; viéndome involucrada en una situación vergonzosa y humillante en la que nunca antes en mi vida me había tocado vivir, y que no entendía la razón de su antipatía y de constante enojo hacia mí. Quise hablar con ella para escucharla y presentarle mis disculpas pero no lo permitió , a pesar de que para los jefes todo quedo "aclarado" , aceptando mi confusión además de haber revisado las cámaras internas de monitoreo yo estaba bastante desconcertada al no abrir un espacio de confrontación, porque yo quería escucharla y quería que ella me escuchara también(es lo más indicado en estos casos reunir a las partes afectadas) pero no fue así y me instaron a no hablar del tema en el área de trabajo a partir del momento en que saliera por esa puerta a petición de la señora afectada . En ese momento me sentí enojada con el hecho de pensar que fui acusada de ladrona y no tenía derecho a aclararlo, nuevamente intenté hablar con ella a solas pero su reacción fue tan alterada y agitada que inmediatamente salió a buscar a uno de los jefes y me acusó de romper el silencio como me lo habían exigido, me sentí intimidada por ellos quienes se encerraron conmigo en un cuartico reclamándome por mi impertinencia y falta de respeto a una pauta dada; me sentía tan vulnerable que mi reacción al salir de allí fue llorar y llorar del enojo e impotencia por la falta de respuestas ante tantos interrogantes en relación a la actitud de esta señora. Por mis pensamientos se cruzaron ideas de tomar represalias en su contra; pero esa misma noche desde la serenidad y la paz de mi corazón; tomé consciencia de mis emociones y reconocí que le estaba dando el poder a esos sentimientos que me estaban drenando y robando mi Paz interior, solo me tomé un par de días para soltar y liberarme del enojo y la frustración para perdonarla y perdonarme por no defender mi verdad, por callar cuando en realidad quería hablar y permitir que mi alma se hiciera pedazos, fue un perdón que salió desde el centro de mi ser y fue como decidí al mismo tiempo bendecirla; bendiciones que eran emanadas con bondad y compasión , elegí cambiar la rabia por amor y soltar todos aquellos sentimientos que no me beneficiaban; del mismo modo que hice un esfuerzo para ver su actitud no como algo malo en contra mía, busque las posibles razones que la pudieron haber llevado a actuar considerando que era lo correcto para ella quien estaba reclamando algo que le pertenecía; desde su sentir, quizás desde sus apegos y me llevaron además a mirar los aprendizajes que me dejaba esta incómoda experiencia. No obstante todas las mañanas al levantarme y hacer mis oraciones automáticamente le enviaba mis bendiciones , este acto lo hacía también antes de entrar al trabajo; lo mejor de todo este proceso de bendecir fue mirarla a ella con bondad y a partir de ese momento ya su presencia no me incomodaba, sus comentarios o actitudes realmente no me afectaban, la bendije por el aprendizaje detrás de esta experiencia donde me llevo a ser más cuidadosa y estar más concentrada y atenta con mis acciones, aprendí que cada quien está en su derecho de defender su propiedad, otro aprendizaje y quizás el más importante fue "no hacer cosas buenas que parezcan malas" y finalmente aprendí que cada persona somos los buenos o los malos en la vida de alguien desde sus propias perspectivas , entendí del mismo modo que el bendecir a una persona no hace que ella cambie de actitud, pero si cambia la mía frente a ella.

El bendecir me ha permitido entrar en la sintonía de la aceptación, de mirar al otro con amor compasivo disminuyendo el mal hábito de juzgar, de criticar, de querer tener el control de la vida de los demás, de lo que deben o no deben hacer. Cuando bendecimos respetamos la esencia del otro y su libre albedrío y el aceptarlo estamos dándonos la posibilidad de dar y poder estar preparados para recibir.

EJERCICIO:

1. Meditar por un instante todo lo que recibes día a día desde el momento que abres los ojos en las mañanas y escribir una lista de todo lo que tienes que bendecir.

2. Escribe cada cosa a bendecir anteponiendo la frase Yo bendigo... preferiblemente una lista superior a 100 bendiciones pero si no es posible no hay problema este es un ejercicio que requiere de tranquilidad y entrar en contacto con las emociones que a su vez despierta el acto de bendecir conscientemente.

3. Te darás cuenta que la lista es infinita y entre más bendices, más cosas bellas aparecerán en tu vida de manera sorprendente e instantánea.

4. Elige una situación o experiencia que te causó mucho enojo y resentimiento, respira profundo y suelta poco a poco toda esa imagen que se viene a tu mente, imagina la persona involucrada y envuélvala en una luz resplandeciente que salga desde el centro de tu corazón y bendícela, bendícela con amor no esperes resultados inmediatos, no importa si todavía te sientes lastimado, repite esta acción que cuando

menos esperes te has liberado de ese sentimiento negativo y te sentirás con mayor ligereza y con más armonía en tu Ser.

CAPÍTULO VII:

HACIENDO DE LA GRATITUD UN ESTILO DE VIDA.

*"La gratitud no solo es la más grande de las virtudes,
sino que engendra todas las demás"*

Cicerón.

D espués de todo este proceso de perdón con mi pasado, conmigo misma, con mi familia, seguido del hábito de bendecir constantemente; empecé a hacer un listado de personas, cosas, eventos con las que me sentía inmensamente agradecida y decidí tomar la gratitud como un estilo de vida, dar gracias absolutamente por todo, incluso dar gracias por los eventos dolorosos, dar gracias por lo que tengo, dar gracias por lo que me hizo falta; dar gracias por lo que siempre he esperado y no ha llegado, dar gracias por las personas que me causaron daño (lo expliqué en el capítulo anterior muchas personas que nos causan daño podrían tener una misión con nosotros; quizás sin que ellos mismos lo sepan o no sean conscientes de ello.

Probablemente una de sus misiones podría causarnos dolor porque a través de ese dolor y la incomodad nos están permitiendo crecer, expandirnos, ampliar las fronteras y sobrepasarlas).es posible que esas personas que nos han causado dolor cumplieron con una misión como impulsarnos a nuevos horizontes, o para pulir nuestro temperamento, o mejor aún para fortalecernos y prepararnos para batallas más grandes. Bueno, esta podría ser una manera de comprender como los maestros que llegan a nuestras vidas algunas veces muestran una versión diferente según nuestras perspectivas por lo que se hace importante y necesario *agradecer* lo que nos hace más sabios y ante todo más Humildes.

Según estudios desde la Psicología Positiva el valor de la *Gratitud* tiene un efecto transformador el cual se manifiesta a través del *agradecimiento.*

Para dinamizar la gratitud en nuestra cotidianidad considero necesario que haya claridad en los conceptos y reconocer la diferencia entre la gratitud, el dar las gracias y el agradecimiento; a este juego de palabras, yo quiero distinguirlos, y entenderlos desde una noción más intrínseca. La representación de gratitud no se refiere precisamente a la acción de dar las "gracias" la cual parafraseamos constantemente como protocolo o como un acto de buena educación.

¿Qué seria es entonces la gratitud? A mi modo de entenderlo la Gratitud es una virtud del ser humano que se relaciona directamente con su madurez emocional y está ligado con la evolución espiritual. Mientras que cuando nos referimos al término *Agradecer* simplemente es dar las gracias; es una acción verbal que manifiesta un sentimiento frente a un favor o a un beneficio recibido, algunas veces acompañado de una expresión de alegría en ese preciso momento; esta manifestación puede ser temporal o concebirse como un sentimiento de compromiso por un periodo largo de nuestra vida. En el momento en que damos las gracias se está dando reconocimiento a la otra persona por el esfuerzo, por el detalle o por su generosidad hacia nosotros.

Ahora bien quiero darle una connotación muy especial al termino *Agradecimiento* considerándolo como un estado permanente frente a todo lo que nos rodea, todo lo que recibimos; el agradecimiento es un sencillo acto de amor, de justicia, de serenidad y de paz interior. En la medida que somos conscientes de la importancia de cultivar el valor de la gratitud podemos elegir la opción de sentirnos privilegiados por la vida, por gozar de los servicios y beneficios que han hecho posible personas que ni siquiera conocemos y nos hacen sentir afortunados.

Me pareció importante asumir la Gratitud como una constante de mi rutina diaria, entendiendo que este valor viene acompañado de la palabra "milagro" y lo explico diciendo que cuando se empieza a agradecer por todo (por lo bueno y por lo malo, por lo que llegó y lo que no ha llegado) es sencillamente un acto de fe, de merecimiento, de valoración y por ende es un acto de magia y de abundancia. El agradecer es como si fuera un disolvente de la queja, del pesimismo, la falta de fe y es ese toque mágico que atrae lo que deseamos. Cuando yo deseo algo desde la gratitud, me estoy permitiendo recibir de regreso lo que emito a través del agradecimiento. He aprendido a través de mi hábito de agradecer que la queja y el resentimiento son lo contrario de la gratitud; me tomé tiempo suficiente para pensar con sensatez y dejar de estar quejándome por todo (por el mal tiempo, por el tráfico, por lo que no ha llegado, por lo que hizo la otra persona; por lo que dijeron mi pareja, mis hermanos, mis padres) la queja simplemente se da por la ausencia de reconocimiento del bien inherente de todo lo que tenemos; la gratitud nos abre las puertas para dar paso a las bendiciones, regalos, sorpresas, o bien sea los milagros como se les quiera denominar. La gratitud aumenta las expectativas de apreciar todo lo que recibimos desde lo más mínimo hasta lo más grande en lo que nos hemos beneficiado o ¡bien! se ha beneficiado la humanidad en general; del mismo modo nos lleva a tomar conciencia de lo improbable de recibir todo de lo que nos beneficiamos día a día; esto quiere decir que somos privilegiados que solo basta confrontarnos con situaciones limitantes y de carencias con nuestro hermano, nuestro vecino, con desastres a nivel mundial; si hoy tenemos el gozo de disfrutar hasta de lo más mínimo y esencial debemos agradecer y solamente agradecer. Cuando yo hago mención de tomar conciencia de lo improbable de recibir todo, estoy aseverando por ejemplo que nosotros tenemos la fortuna de abrir un grifo y que salga agua para la utilidad que le sea asignada , como también tenemos a disposición de agua potable para calmar nuestra sed y preparar los alimentos; pero existe la probabilidad de que no tengamos agua para el consumo humano; tenemos la capacidad de respirar tranquilamente, sabiendo que nuestros pulmones se pueden expandir con facilidad e inhalar tranquilamente, sentir como el aire fresco invade cada célula del cuerpo a través de la misma función y esto lo hacemos de manera automática e inconscientemente todos los días, nos podemos dar cuenta que existe la probabilidad que no podamos respirar por nuestros propios medios. ¿Cuántas personas están conectadas a un monitor de oxígeno porque no pueden hacer autónomamente algo tan natural de los seres vivos y no somos conscientes de ello, de las tantas funciones orgánicas que tiene nuestro cuerpo. Entonces es cuando hago la invitación de agradecer, que sea un acto diario, el agradecer detalle por detalle todo lo que tenemos, todo lo que decidimos, todo lo que nos rodea; pero para eso se necesita estar en un estado de contemplación, de observación, de conectarnos, con lo que sentimos, con lo que escuchamos, de poner a actuar todos nuestros sentidos, armonizados con alegría y buena disposición en el momento de orar; y es justo con estos pequeños actos cotidianos que denomino: "El agradecimiento como un estilo de vida".

En mis momentos de silencio diariamente saco unos minutos para agradecer en detalle por algo diferente, como por ejemplo cuando agradezco la presencia de los medios de comunicación, por el ciberespacio, por el internet que me permite estar en contacto con mi familia a través de un chat, de una video-llamada; cuando en décadas atrás las personas que migraban por ejemplo a otros países se demoraban meses para comunicarse con sus familias y seres queridos aumentando en ellos la soledad y la sensación de abandono. Hoy día podemos comunicarnos desde cualquier punto del planeta y en cualquier momento podemos tomar un dispositivo electrónico y estar conectados con cualquiera que sea nuestro fin.

Me siento agradecida por poder disfrutar una caminata en un parque, en la playa, de disfrutar un helado en una tarde calurosa, de deleitarme con el trinar de los pájaros solo por hacer mención a unas cuantas simples cosas que nos da la vida como decía Mercedes Sosa en : " la canción de las simples cosas"; y el hacerme responsable de lo que recibo; honrarlo, respetarlo, valorarlo, cuidarlo y *agradecerlo*.

Finalmente considero que el perdón y el agradecimiento son virtudes muy ligadas con el campo espiritual, y fue desde aquí que empezó a fluir todo este proceso de crecimiento y evolución en el que me fui preparando para el camino del éxito. Dentro de mí proceso de crecimiento hice reconocimiento y merecimiento de todo cuanto tengo, de todo lo que he vivido sin importar los matices agradeciendo por que justo todo lo que me ha tocado vivir era porque tenía que ser así y no de otro modo.

Para cerrar este capítulo quiero extender una invitación y es la de promover la rutina de la escritura, si bien te has podido dar cuenta que en la mayoría de los ejercicios que propongo en este libro hay que escribir porque la práctica de la escritura, facilita el pensamiento reflexivo, desnuda el alma y nos conecta con nuestra esencia y más aún cuando se trata de sanarnos y transformarnos hacia una mejor versión.

Hace algún tiempo no mucho en realidad, abrí un grupo por una de mis redes sociales denominándolo: "la rueda del agradecimiento" cuyo objetivo era generar consciencia en sus participantes sobre la importancia de cultivar el valor de la gratitud en sus vidas; la dinámica consta en agradecer utilizando nuestros sentidos empezando por el sentido de la vista, del gusto, del olfato del tacto y del oído, luego se trata de atribuirle un valor o un beneficio a todo aquello que entre en contacto con los sentidos y por ultimo agradecer por nuestro pasado, por las experiencias que han determinado quienes somos ahora, agradecer por la familia que tenemos, agradecer incluso todo lo que soñamos (así no esté materializado), agradecer por esas peticiones que vienen en camino. Fue una actividad de la que se hizo necesario comprometerse, hacer un alto por unos cuantos minutos diarios y crear contacto con pensamientos, sentimientos y emociones, sin juzgar sin querer cambiar nada solo agradecer y agradecer.

EJERCICIO #1

1. Hacer una lista de todo de aquello con lo que sientes gratitud.
2. Iniciar la lista utilizando los cinco sentidos.
3. Sentido de la vista; agradecer por todo lo que se puede observar desde lo proximal hasta lo más distante que pueda llegar la visión y asignarle un valor o un beneficio.
4. Sentido del gusto; agradecer por todo aquello que se puede saborear sin juzgar ni discriminar.
5. Sentido del olfato; tomar consciente de todos aquellos olores o aromas que llegan a este sentido.
6. Sentido del oído; podría ser con los ojos cerrados y conectarse con todos los sonidos del entorno, voces, ruidos citadinos, sonidos de la naturaleza, una melodía y agradecer.
7. Sentido del tacto; concentrarse en todo aquello que se puede palpar y si es posible tocarlo y experimentar las sensaciones con las diferentes texturas y sensaciones táctiles.
8. Agregar a la lista de agradecimiento el nombre de las personas que de repente llegan a sus pensamientos sin discriminar que papel desempeñó en su historia de vida, aún si ya no forma parte de ella; lo realmente importante es escribir su nombre y dar las gracias.
9. Esta actividad se requiere de tiempo, compromiso y de establecer una rutina de escritura diaria; sólo se necesita unos minutos y podrás encontrarte con resultados sorprendentes.

EJERCICIO #2

¿Cómo manifiestas tu gratitud?

¿Qué sientes al momento de agradecer?

Hoy, ¿Cuántas veces has expresado agradecimiento?

¿Ante que situaciones te podría sentir agradecido?

¿Qué Situaciones o a que personas has dejado pasar sin darle tu agradecimiento?

CAPÍTULO VIII:

CONECTÁNDOME CON MI ESPIRITUALIDAD.

"El nivel de milagros que veras en tu vida, dependen de tu nivel de confianza en Dios".

¡Feliz me encuentro del camino recorrido! y de los aprendizajes adquiridos durante este bello despertar el cual me ha permitido de manera progresiva el fortalecimiento en el campo de mi espiritualidad, enfocándome en la importancia de sembrar amor, abrir espacios para la oración, la contemplación. Confiando en que Dios ha sido el encargado de preparar mi camino hacia lugares desconocidos; sabiendo también que ha sido para mí más alto beneficio y para los que me rodean; durante este trayecto he permitido acomodar mis cargas de tal modo que pudiese arreglar o despojarme de todo aquello que me lastimaba, dejando atrás mis

Aliria Betancur E.

intentos fallidos y cualquier percepción negativa con la que interpretaba este aprendizaje. El enfocarme en lo positivo me permitió un acercamiento más humano y amoroso desde el centro de mi corazón, dejando a un lado los prejuicios, concentrándome de manera humilde al aprendizaje a través del otro, considerando que cualquier momento, cualquier lugar y circunstancia son justo lo que necesitaba para crecer y adaptarme a un mundo con características tan divergentes; Ya no era fragmentarme en relación a lo que me rodeaba o acontecía; más bien era entender que ese momento era justo el que me correspondía para crecer, para aprender a encontrarme, reconocer que cada ser tiene su propia gama de colores; que detrás de lo que no puedo percibir existe una historia propia.

La espiritualidad ha sido un aspecto que me ha acompañado en el trayecto de mi vida. Crecí en un hogar de padres Católicos, me congregué durante toda mi vida en el Catolicismo, tomé formación a través de sus doctrinas, recibí los sacramentos no sin antes ilustrarme en aspectos relacionados con la fe en Dios y el amor por nuestros semejantes; y en la medida que iba creciendo fui comprendiendo un poco más sobre sus bases teológicas, y los dogmas relacionados con la inmaculada concepción.

De manera paulatina fueron apareciendo dudas propias en la etapa de vida en que me encontraba , todo lo cuestionaba, andaba en la búsqueda de otras verdades, mis dudas no solo estaban relacionadas con la religión Católica también lo estaba con las demás religiones que se profesan alrededor del mundo; no obstante mis principios y mi formación religiosa era bastante sólidas y no me interesaba abandonar mis creencias ni la fe que yo profesaba. Pienso que en ese entonces yo era una más del grupo la personas que se congregaban y cumplir con sus deberes como "hijos de Dios".

Una mañana que me encontraba confundida recién había llegado a este país andaba en busca de una iglesia donde congregarme porque no quería desligarme de mis compromisos Cristianos. Fue así como encontré una cerca al vecindario donde vivía y después de dejar a mi hijo en la escuela me iba para aquel lugar donde encontraba refugio espiritual. Era una estructura grande y majestuosa con un estilo arquitectónico neocolonial la veía tal como las muestran en las películas, estaba compuesta por la iglesia que se unía con los pasillos de algo así como un un monasterio, caminar en su interior era como una especie de laberintos, constaba de unos jardines internos con flores de diferentes colores y unos rosales cuidadosamente conservados que contrastaban con descoloridas banquetas en piedra talladas con lindos diseños góticos , emergían en ese jardín unos majestuosos ángeles en piedra un poco envejecidos pero atrapaban mi atención y en el centro había una efigie de San Francisco de Asís que se encontraba escondido en medio del jardín el cual sostenía entre sus manos un bebedero, y podía observar como llegaban los pajaritos uno seguido de otro quienes alegremente se disponían a beber agua y de paso darse un refrescante baño de manera apresurada, este panorama le daba un efecto casi mágico al lugar. Definitivamente es un lugar que invita a la contemplación aunque en ese entonces no tenía ni idea de lo que se trataba el mismo.

Una mañana de las cuantas que llevaba asistiendo a esta iglesia, terminando la celebración eucarística me disponía a salir de aquel recinto cuando de repente se aproxima una bella mujer, y cuando digo bella me refiero específicamente a la belleza de su alma, era una mujer de edad media con una sonrisa simple y serena, en sus ojos había un brillo que atravesaban sus lentes e inundaban mi pupila, al caminar emitía un casi imperceptible aroma a alelíes a quien quiero llamar Iza. Esa persona con la serenidad que la caracteriza se acercó a mí cosa que es inusual en este País, ella había notado mi presencia y supo que estaba recién llegada, se puso a disposición por si algo pudiese necesitar, sentí que mi alma se conectó con la suya en ese mismo momento, me ofreció su amistad y así por varios días seguidos teníamos un encuentro después de la misa matutina, me brindaba información muy valiosa que me permitía conocer un poco sobre temas relacionados a los sistemas de salud, legal, educativo y económico de este país; en nuestros encuentros coloquiales siempre había un tema de conversación diferente de los cuales me nutria y abría espacio para conocernos mutuamente cada vez más. Esta mujer además de inteligente me dejaba ver un ser humano digno de admirar por su actitud altruista y su riqueza espiritual, la paz que generaba con sus palabras que edificaban al mismo tiempo; aunque yo realmente no lograba comprender como se podía confiar con tanta certeza en lo que estaba por venir; en medio de nuestros encuentros ella me iba mostrando el sendero que conduce al fortalecimiento de la fe y la paciencia. La señora Iza semanalmente programaba una visita en casa de alguien con necesidad de apoyo espiritual y allí estaba yo acompañándola, me sorprendía como extendía al prójimo ese amor bondadoso que brotaba de su corazón a través de la oración y del acompañamiento espiritual. Yo realmente la admiraba profundamente y veía en ella actitudes que reflejaban a mi mama quien asistía con el sacramento de la comunión a las personas enfermas en sus domicilios, les hacía acompañamiento y entraba en momentos de oración profunda. Todo esto me emocionaba y causaba en mi gran admiración pero yo no lograba entender cómo es que el orar por otros y asistirles en momento de crisis pueda generar calma y paz en quien lo practica. No entendía esa Fe inquebrantable de la señora Iza que a pesar de sus problemas y preocupaciones personales no se doblegaba y siempre estaba en espera de un milagro. De todos modos fue ella que a pesar de la distancia de mi familia de origen, quiso sin querer reemplazar a mi madre dar continuidad en el desarrollo de mi fe y en la confianza de las buenas obras que tenía mi Padre celestial reservadas para mí. Frecuentemente resonaba en mis pensamientos los concejos de mi madre, sus oraciones, sus peticiones, esa entrega constante para cumplir con los propósitos de las obras de misericordia; mientras que yo enmudecía ante estos testimonios de amor incondicional por parte de estas bellas mujeres mi madre y la señora Iza; me cuestionaba constantemente pero no encontraba respuestas, quería iniciar una relación cercana con Dios pero no hallaba la manera a pesar que también hacia oración y asistía semanalmente a mis compromisos de "encuentro" con Dios pero no me encontraba en el nivel que deseaba estar.

Sin embargo solo hasta una tarde que me encontraba sola en casa en medio de la tristeza y el dolor cuando creí que todo había llegado a un punto que no podía avanzar más y que mi vida carecía de propósitos fue como de repente se dio un inicio a *Mi despertar espiritual,* justo en una época de turbulencia emocional donde el dolor hacía ruido en mi conciencia, en mi corazón y en mi espíritu, ocurrió entonces algo así como un llamado de luz extraordinario que entró a mi corazón donde de manera sugestiva me invitaba en medio del silencio a orar; pero esta vez era una oración sin palabras, oración no estructurada, era un estado de confusión, pero a la vez de una paz penetrante que me llevó a doblar mi rodillas y vaciar mi corazón en medio de un llanto desbordado, pero lleno de paz y calma a tiempo que pedía iluminación divina me estaba permitiendo entrar en una conexión espiritual que sin entenderlo aún, así lo percibía en ese instante; le hablaba a Dios como si lo tuviese sentado al frente mío como aquel padre que toma a su hijo de sus manos para escucharle amorosamente sus peticiones , no estaba segura si me escuchaba pero trataba de imaginármelo, ni mucho menos quería poner en prueba su presencia en ese momento, en medio de llanto le pedía que me mostrara el camino a seguir, me ayudara, me diera una señal; repentinamente experimenté una sensación tan extraña como si mi mundo se estuviera derrumbando bajo mis pies , fue algo así como una agitación nerviosa al tiempo que mi cuerpo se desvanecía suavemente pero esta vez no sentía miedo, ni dolor, ni angustia; mi llanto continuaba pero era un llanto amoroso quizás lo que muchos ilustrados en el tema denominan como la manifestación del Espíritu Santo no encontré otra explicación; por milésimas de segundo mi cuarto se fue iluminando de tal manera como si descendieran pequeñísimas lucecitas con destellos tornasol seguido de un gran brillo resplandeciente como si fuera el flash de una cámara fotográfica, desde mi perplejidad lograba entender el porqué del llanto; súbitamente una suave fragancia de rosas y jazmines impregnó ese lugar, automáticamente tomé mi rosario a pesar de no saber cómo hacerlo cerré mis ojos y dejé que fluyeran de manera espontánea cánticos de alabanza y oraciones que eran elevadas e impulsadas por las palabras que brotaban como melodías desde el centro de mi ser.

En ese momento comprendí que siempre había vivido en medio del ruido y la agitación ,entendí que ese ruido estaba presente en el afán de obtener las cosas de manera fácil e inmediata, estar en permanente conflicto con mi entorno, permanecer en la queja, el enfocarme en las apariencias, el juzgar y señalar los errores de los demás, el dar y esperar recompensa a cambio, eran entre tantos otros aspectos que no me permitían sintonizarme con el silencio; que me mantenían

distraída frente a las señales que me llegaban permanentemente
, las cuales pasaba inadvertidas; entendí que la espiritualidad
era una relación cercana con Dios, no es propiamente desde la
doctrina impartida por una religión, o una corriente filosófica
que erróneamente consideraba que era la que definía el nivel de
espiritualidad. Fue ese vínculo que se fue estableciendo desde el
momento en que mi corazón empezó a vibrar a través de la
sensación de paz que inundó mi ser, cuando empecé a alimentar
mi alma con el sentimiento de la gratitud y a comprender que
todo lo que vivía formaba parte del proceso a mi propósito de
vida; a partir de ese momento el conflicto interno, el estrés y las
presiones externas en las que me encontraba ya no eran motivo
de abatimiento. Fue a partir de esa tarde que empecé sentir la
presencia de Dios en mi corazón, a través de los días logré
entender y confiar un poco más en su orden divino, y la misión
que tenía para mí de tal modo que mi pretensión ya no era
apresurarme por ver resultados inmediatos; que todo lo que
sucedía era perfecto y se daba en el momento preciso;
fortaleciéndome en la paciencia y la voluntad que me llevaban a
pensar que con fe y confianza todo llega en el momento justo.

Me tomé un tiempo prudente para regresar a la iglesia pero
con una actitud más favorable; ya no iba con el afán de buscar
respuestas o para pedir afanadamente un evento milagroso; más
bien era un espacio que me regalaba para hacer oración la
misma que me apartaba de la agitación del día, para tener un
tiempo de reflexión, de serenar mi mente y aquietar mis
emociones; entrando en comunión con Dios y sentir su
presencia en medio de la paz, del silencio y de la contemplación;
que me permitieron tener una visión más detallada de la
perfección , la belleza y la armonía que se puede percibir en las
personas y en todas las cosas existentes, me percaté que entre
más me inundaba del amor recibido de la fuente divina ese

mismo amor se expandía de tal manera que alcanzaba a todos aquellos que encontraba en mi camino sin ningún tipo de discriminación. Y me estoy refiriendo al amor universal ese amor que nace desde el centro del corazón y que logra transmutar todo lo que opaca el alma, que nos aleja de Dios y que nos hace infelices como el enojo, el miedo, los celos, la envidia y el odio; entre más amor alimentemos, más amor emanamos trayendo consigo dicha y felicidad permitiendo a través del amor cumplir con uno de los principios de mayor relevancia en las leyes de Dios y es el amor al prójimo; cuando me reconozco a mí misma a través de mi hermano cuando entro en contacto con sus ojos desde el amor compasivo; sin culparlo, sin señalarlo y sin juzgarlo, sencillamente aceptarlo; desde su propia esencia tal y como es para poder abrazar su alma.

Finalmente supe que la tormenta había cesado cuando trascendí y tomé consciencia de la presencia divina en mi vida, que soy parte de Dios que me encuentro en un proceso de evolución espiritual y de aprendizaje en el amor, que el poder de transformación esta en mí, con la sabiduría y la conexión que existe, que soy libre para trazar mi destino; pues el camino ya lo tengo señalado pero soy yo quien elige las rutas. Reconocer la divinidad que está en mi hermano aunque me falle, aunque me cause dolor, esas personas que a veces calificamos como malas se encuentran en otro nivel de su despertar espiritual y que por el momento son esos maestros o entrenadores de perdón, de paciencia son ellos los artistas que me tallan y me pulen para ayudarme a crecer

Quiero compartir unos sabios concejos para aplicarlos en la vida diaria inspirada en el escritor y columnista Gonzalo Gallo.

1. Se constante en la oración y de gracias sin cesar.
2. Se prudente y saca provecho de las oportunidades que Dios te pone en el camino.
3. Cualquier cosa que hagas, hazlo bien lo mejor que puedas y hazlo de buena gana pensando que tu más alto beneficio y en el beneficio de los demás.
4. Libérate de tus viejas vestiduras (me refiero a quien eras tiempo atrás) mantente en permanente renovación y no te desesperes por ver resultados.
5. Actúa de tal manera que seas un punto de referencia para quienes te rodean, a través de actos de amor, compasión, humildad y paciencia.
6. Aceptemos y perdonemos a los demás del mismo modo como merecemos ser perdonados.
7. Busca lecturas y conversaciones edificantes para que la Fe y la sabiduría habiten en tu corazón.
8. Conserva en tu corazón un espíritu alegre y optimista.
9. Mantén encendido el fuego del Espíritu Santo en tu interior.
10. Pon en práctica constantemente todo lo que has aprendido para crecer y fortalecerte espiritualmente

RESILIENCIA Y EMPODERAMIENTO

"Nunca sabes lo fuerte que eres hasta que ser fuerte es la única opción".

Anónimo

En el campo de la Psicología Positiva es muy usual aplicar el término de Resiliencia entendiendo esta como la capacidad que tiene el individuo para afrontar la adversidad y la movilización de sus recursos internos hacia el fortalecimiento y la adaptación en circunstancias difíciles; permitiendo sobreponerse de las mismas y conduciéndole hacia el camino del éxito o del empoderamiento.

Y hablar de resiliencia es hablar de la vida misma es hacer mención de las zonas iluminadas que tenemos los seres humanos, pero para identificarlas se requiere iniciar un viaje interior que nos lleve al reconocimiento de las cualidades y habilidades que todos poseemos como son: La Tolerancia a la frustración, la perseverancia, pensamiento flexible el poder de adaptación a los entornos inciertos y dolorosos; la empatía y actitud positiva entre otras cualidades.

Nos damos cuenta que somos Resilientes cuando hacemos frente a las adversidades que nos pone la vida y ese dolor lo vamos transformando en fuerza interior que nos impulsa a salir de esa situación más fortalecidos; con nuevos aprendizajes para diseñar nuestro propio trayecto. Haciendo de un día mejor que el anterior y mantener motivos suficientes para sonreír y conservar la ilusión.

"Un día sin darte cuenta te vas sintiendo mejor, no totalmente feliz, pero si más segura, menos triste y más completa; y así es como empiezas a reconstruir cada una de tus ruinas, paso a paso cerrando heridas y un día sin notarlo desaparecen las lágrimas, la frustración y los miedos; y así te vas dando cuenta que después de la tormenta siempre hay vida" J. Wailen

EJERCICIO:

1. Como haz enfrentado aquellos eventos adversos que han cambiado el curso de tu vida? (la muerte de un ser querido, una enfermedad grave, catástrofes naturales, divorcio etc.)

2. Estas pasando en este momento por una situación traumática o estresante? Yo te invito para que pienses en detalle ¿Que has hecho para sobreponerte de ese evento? De qué manera te ha ayudado?

A continuación te voy a compartir una guía que fue de gran ayuda para sobreponerme de mis situaciones de crisis.

- Establecimiento de redes de apoyo dentro y fuera de tu grupo familiar.

  Aquí hago mención al fortalecimiento de las relaciones con los familiares más cercanos, construir sanos lazos de amistad y crear conexiones con otras personas de tu comunidad (iglesia , organizaciones basadas en apoyo a la comunidad)que estén dispuestas a escucharte , acompañarte y brindarte ayuda cuando lo requieras.

- Ver más allá de las crisis para este punto implica alimentar pensamientos positivos, pensar que este periodo es transitorio y que esto también va a pasar; que nada se queda, todo fluye , todo avanza y que todo tiende a mejorar. hacer ejercicios para liberar la tensión y la ansiedad; para ello se requiere ubicarnos en un lugar cómodo y tranquilo, hacer una respiración profunda retener y soltar suavemente es importante concentrarnos en la respiración sin hacer mayor esfuerzo. Este sencillo ejercicio me ha servido bastante para liberar tensiones y de gran ayuda para aclarar ideas.

- Aceptar que el cambio forma parte de la vida, que existen circunstancias que no se pueden cambiar, pero si se puede enfocar en aquellas circunstancias que son posible volver la hoja, con paciencia todo ira acomodándose y te acabaras de dar cuenta que la solución al problema estaba más cerca de lo que creías y que es hora de mostrarle a la vida en lo que te has convertido.

FABULA DEL HELECHO Y EL BAMBU

Un día un hombre frustrado decidió darse por vencido: renunció a su trabajo, a su relación y a su vida; se fue al bosque para hablar con un anciano, que según decían, era muy sabio.

Al encontrarlo inició el siguiente dialogo:

_ ¿Podría darme una razón para no darme por vencido? Le preguntó.

-Mira a tu alrededor, - le respondió ¿ves el helecho y el bambú?

- *Sí*. Respondió.

-Cuando sembré las semillas del helecho y el bambú, las cuide muy bien. El helecho rápidamente creció; su verde brillante cubría el suelo. Pero nada salió de la semilla del bambú.

En el segundo año el helecho creció más brillante y abundante y nuevamente nada creció de la semilla de bambú. Sin embargo no renuncié al bambú.

En el tercer año aún no brotó nada de la semilla de bambú pero no renuncie al bambú.

En el cuarto año nuevamente nada salió de la semilla de bambú. Pero no renuncié al bambú.

En el quinto año un pequeño brote de bambú se asomó en la tierra. En comparación al helecho era muy pequeño e insignificante.

El sexto año, el bambú creció más de 20 metros de altura. Se había pasado ya cinco años echando raíces que lo sostuvieran. Aquellas raíces lo hicieron fuerte y le dieron lo que necesitaba para sobrevivir.

¿Sabías que todo este tiempo que has estado luchando, realmente has estado echando raíces?

El bambú tiene un propósito diferente al del helecho, sin embargo ambos son necesarios y hacen del bosque un lugar hermoso.

Así mismo es la vida a veces tenemos días llenos de luz color y buenos momentos que nos llenan de felicidad en cambio también nos encontramos con días difíciles oscuros que nos dan experiencia y nos mantiene fuertes, son esas penas que nos hace más humanos y son esas caídas que nos madura en humildad

Recuerda: Cuando no se logra lo que hemos anhelado muy seguramente solo estamos echando raíces.

CONCLUSION

Al terminar esta obra escrita no quiere decir que he llegado a la escena final o que mi vida está completamente satisfecha; al contrario mi aventura continúa los capítulos siguen en marcha donde los eventos de dolor y fascinación, turbulencias y quietud estarán presentes en mi trayecto pero esta vez con mayores aprendizajes, con más compromiso conmigo misma, con la claridad de que no siempre una buena siembra representa una grandiosa cosecha, que la vida es solo una oportunidad que hay que disfrutarla al máximo complementándola con amor, valores y fe.

123

Aliria Betancur E.

Hoy al revisar mi mapa de sueños que fue ese punto de partida puedo dar testimonio que de todos los propósitos gráficamente allí plasmados acompañados de mi proceso de sanación y crecimiento personal se han materializado el 85% de ellos.

Uno de ellos el cual en otro momento no hubiese creído llegar a hacerlo, fue escribir mi primer libro, participar en foros y seminarios que me fueran mostrando opciones para continuar mi recorrido e iniciar mi proceso de formación y certificación en Terapias Integrativas.

"Las mujeres sabias no viven quejándose, generan cambios"

Jean Shinoda Bolen.

ODA A LA MUJER LATINA.

Inspirada especialmente en Mujer Latina ; viene a mi inquieto pensamiento la imagen de aquellas mujeres que se encuentran en el anonimato, aquellas que no salen en reconocidas paginas sociales, ni en la portada de revistas de moda; pienso en aquellas mujeres con las que me encuentro en camino a la escuela, en aquellas que con migo trabajan largas jornadas laborales, aquellas que son leales a sus raíces, y empecinadas con sus sueños; aquellas mujeres reales transparentes y sencillas que las vemos por doquier.

Hablo de esa mujer artesana que con amor y tesón tejen, moldean

o le dan color a sus mañanas cuando cada día ponen la cara al sol;

y a aquella mujer que al terminar su jornada

junta sus manos en señal de gratitud

y con lágrimas de esperanza eleva una plegaria

esperando que sea atendido su sentido clamor,

! A esa mujer que sabe contemplar una flor

e identifica y reconforta a los suyos cuando en su alma
habita el dolor!

A esa mujer le dedico estas líneas invitándolas con
sentido amor

que mantengan sus ojos bien abiertos ante la belleza que
sobreabunda en nuestro alrededor;

que se goce la vida cualquiera que sea su estado,

madre, esposa , amiga, empleada o Sor.

que la vida es una Aventura por difícil que a veces sea

pero también tiene son y sabor.

Somos Latinas raza pujante apasionadas por la vida, la
familia y el amor

bellas e imponentes que sin importar las caídas y bajadas

nuestros corazones conocen de perdón.

No me digan que somos débiles solo porque lloramos y
no soportamos la traición;

nos levantamos, nos apoyamos y nos preparamos para
una mejor versión.

Mujer Latina con tacones y adornos multicolor

honran los colores y de nuestros campos el sabor!

Con sus frutos y sus flores

ellas se inspiran como gaitas entonadas que cantan su mejor canción;

esa mujer que ríe y baila aunque nadie la vea porque sola está.

Es la mujer valiente no porque no tenga miedo

sino porque sabe que con él se puede enfrentar;

por conseguir sus sueños y a sus temores callar.

Autora: Aliria Betancur

RETO DE 30 DIAS PARA FORTALECER LA RELACION CONSIGO MISMA.

DIA 1. Mira tu película favorita.

DIA 2.Sal a caminar sola.

DIA 3. Escribe cinco cosas por la que más estés agradecida en el dia de hoy.

DIA 4. Prepárate una comida saludable.

DIA 5. Vístete con tu ropa preferida incluyendo accesorios, sin que tengas un motivo especial.

DIA 6.Lee sobre un tema nuevo para ti.

DIA 7. Toma un largo baño con agua tibia y disfrútalo al máximo.

DIA 8. Medita por 10 minutos y si no estás familiarizada con ello; solo siéntate en silencio y concéntrate en tu respiración por 10 minutos.

DIA 9. Escucha tu canción favorita y toma consciencia de las emociones que te generan.

DIA 10. Toma una siesta.

DIA 11. Piensa en 3 cosas que te motivan a seguir adelante.

DIA 12.Tomate el día libre para no hacer nada.

DIA 13.Elimina de tus redes sociales las personas que solo aportan cosas negativas.

DIA 14. Dile a alguien cuanto lo amas.

DIA 15.Parate frente al espejo de cuerpo entero; admíralo y elógialo.

DIA 16. Prepárate un licuado de los que más te guste.

DIA 17.Quedate por al menos una hora en un parque.

DIA 18. Ríe, sola o acompañada; pero hazte el propósito de reír.

DIA 19. Desentiéndete del celular por una hora.

DIA 20. Ve a comer a tu restaurante favorito.

DIA 21.Limpia tu cuarto y re-acomódalo.

DIA 22.Proponte a conocer un poco más a esa persona que ha llegado nueva bien sea a tu trabajo, escuela o vecindario.

DIA 23.Haz algo que amabas hacer cuando eras niña, pero dejaste de hacer.

DIA 24.Tumbate en el prado por lo menos veinte minutos a observar las nubes o por lo menos a sentir el contacto de la tierra.

DIA 25.Ve sola al cine o teatro.

DIA 26.Preparate tu postre favorito.

DIA 27.Escribe en tu cuaderno de rutinas; como te sientes el día de hoy, momentos significativos y algún aprendizaje.

DIA 28.Tomate el tiempo para observar el amanecer o el atardecer.

DIA 29.Pide una disculpa a alguien que hayas lastimado.

DIA 30. Lee un libro.

Aliria Betancur E.

..Y llego un día que me escuché hablando como ella,
cocinando como ella, orando y llorando como ella.

Y llegó un dia que esos zapatos grandes y viejos que
tanto rechacé, los probé

y ahora me encuentro recorriendo sus huellas y con cada
paso he ido entendiendo

lo que alguna vez critiqué.

ahora entiendo sus miedos, sus enojos y agradezco su
compañia , sus cuidados y sus sabios concejos

Llego el dia en que al mirarme al espejo la veo a ella, con
los mismos surcos en la frente y la misma

profundidad de su mirada.

Y pensar que estuve en ella por un corto tiempo
mientras que ella esta dentro de mi por siempre...mamá.

Aliria Betancur E.

ACERCA DE LA AUTORA

Aliria Betancur nació en Colombia en el año de 1968, proveniente de un hogar humilde conformado por sus padres y sus cuatro hermanos, desde niña se ha considerado una persona con un pensamiento inquieto, divertida y amante de los libros; recuerda que su "pesadilla" en la época de escuela era las clases de matemáticas, nunca le gustaron los números; pero amaba y disfrutaba las clases de Ciencias Naturales, Lenguaje y Castellano; no se consideraba una alumna brillante, ni de notas excelentes pero gustaba de participar en los Centros Literarios; recitando sus poemas preferidos, bien fuera los de la escritora Chilena Gabriela Mistral o del escritor Colombiano José Asunción Silva; siendo el poema: "Infancia" uno de sus preferidos y el que aún está plasmado en su memoria. He aquí un pequeño fragmento:

"Con el recuerdo vago de las cosas que embellecen el tiempo y la distancia retornan a las almas cariñosas cual bandada de blancas mariposas, los plácidos recuerdos de la infancia...".

En su tiempo libre le gustaba escribir versos y poesías en libretas decoradas por ella misma con láminas y dibujos demostrando así desde temprana edad el gusto por la literatura.

Su vida puede ser resumida en cuatro importantes etapas.

Terminando sus estudios secundarios se vinculó con la escuela de formación de Suboficiales del Ejército Nacional de Colombia, experiencia que la marcó para el resto de su vida, ya que a su corta edad se enfrentó a situaciones de altos niveles de estrés y malestar pues estuvo expuesta a malos tratos y abusos por parte de sus superiores debido a que su forma de ser alegre , soñadora y extrovertida no encajaba en un mundo hostil y de rígidas pautas disciplinarias, donde las armas y la milicia eran la dinámica de su diario vivir; generándole resistencias internas para asumirlas, puesto que nada de lo que estaba viviendo en ese entonces estaba relacionado con sus expectativas iniciales en el momento de su incorporación, ni obedecía con la oferta e inducción recibida inicialmente. Sus posibilidades supuestamente estaban en formar parte del Cuerpo Logístico de la Brigada Militar, pero con lo que ella no contaba era que primero se iniciaba con el entrenamiento miliciano como cualquier soldado regular; fue un estilo de vida con el que nunca logró identificarse, ni se sentía cómoda fue así como se retiró retomando su vida civil. No obstante ese tiempo fue considerado por ella como una etapa de aprendizajes que le permitieron formar a una mujer fuerte y decidida, con capacidad de moverse en estrictos sistemas disciplinarios y enfrentarse a situaciones bajo presión; además la práctica que había obtenido en el campo de la enfermería del dispensario médico le ayudó a encaminarse hacia el ámbito de la salud.

Le dió continuidad a sus estudios como Auxiliar de Enfermería vinculándose con el Hospital Infantil de su localidad donde laboró por cerca de 10 años considerando que allí vivió una significativa etapa de su juventud una época de nuevos aprendizajes, donde logró crear fuertes vínculos de amistad; amaba su trabajo, sus pacientes, disfrutaba servir a los demás pues se había convertido en una opción de vida; por lo que decidió expandir sus fronteras e iniciar sus estudios Universitarios, tiempo mismo que diseño y lideró un proyecto encaminado en la promoción del Buen Trato a los niños, niñas y jóvenes de la localidad, llevando a cabo campañas de sensibilización y promoción del buen trato al menor. Fue así como al culminar su carrera como Licenciada en Pedagogía Reeducativa recibió reconocimiento Institucional por su proyecto comunitario.

Decide buscar nuevas oportunidades iniciando otra etapa en su vida vinculándose laboralmente con la Congregación de Religiosos Terciarios Capuchinos, Siendo la Comunidad Terapéutica un Programa para jóvenes con problemas de adicción a las drogas donde acentuó su campo de acción e inició un largo recorrido donde se encamina hacia nuevos retos formándose como Especialista en Tratamiento y Prevención de Drogodependencias y desempeñándose como Terapeuta en el ámbito individual y grupal.

Su pasión se ha visto marcada por acciones encaminadas a ayudar y servir a las personas que han encontrado en ella orientación, apoyo o consejería hacia la resolución de situaciones generadoras de conflicto.

Emigró junto con su esposo e hijo a Estados Unidos enfrentándose a un mundo desafiante con retos más difíciles de alcanzar pero ella no perdía de vista los sueños que quería echar a volar su propósito de vida estaba basado desde su experiencia de vida llegar a ser inspiración para las mujeres latinas inmigrantes, fue así como a sus 50 años de edad su historia en este país se dividió en un antes y un después.

AGRADECIMIENTO

Quiero agradecer a Dios por mi historia de vida que ha sido el marco de referencia para escribir este libro. A mi esposo John Jairo y a mi hijo Juan José por su apoyo incondicional; por su paciencia frente a mis largas horas sumida en mis pensamientos mientras ponía en orden mis ideas y me reencontraba con mi pasado para escribir estas líneas. A la memoria de mi padre por haber plantado la semilla en mi madre y por permitirme crecer a su lado, a mi Madre por su amor infinito por sus enseñanzas y la sabiduría detrás de sus palabras, a mis hermanos John, Blanca, Mónica y Sandra; por los juegos, por las rencillas cuando niños y por el amor que nos mantiene unidos. A mis sobrinos (Maritza, Daniel, David, Anderson, Sebastián, MariaPaz, Isabella, Tomas) a todos ellos que forman parte protagónica de mi existencia; por la confianza depositada y por ser parte de la inspiración que me impulsa a dar lo mejor de mi. Y a todas las mujeres que me he encontrado en el camino las que abrieron sus corazones y desnudaron su alma, las que aportaron enseñanzas en mi vida desde su esencia y sabiduría, aquellas que fueron luz en medio de la oscuridad, con las que reí sin parar y también con las que me uní en llanto por solidaridad; no puedo dejar por fuera a aquellas mujeres que sin ellas saberlo con sus actitudes abusivas, rechazo y enemistad fueron las maestras que me condujeron por nuevos senderos. Y todas aquellas que se fueron sumando en mi recorrido con quienes he tejido historias de vida las honro y las amo.

Quisiera nombrarlas a todas pero la lista es tan amplia que escribiría un libro completo solo con sus nombres y correría el riesgo de dejar a alguien sin nombrar. Son ellas mis amigas de infancia como "Parrita", las cómplices de mis locuras en la adolescencia, las que pasaron noches enteras junto conmigo prestando guardia en el hospital, a mis enfermeras Jefes por sus enseñanzas, amigas de la Universidad y de la comunidad Terapéutica que fue mi escuela de vida, a Dorita por compartir con migo mi misma visión y por su aporte a mi crecimiento personal.

Gracias por todo lo que me enseñaron y todas las mujeres que se fueron sumando a mis afectos durante medio siglo de existencia

A Alejandra mi coach Y Kevin por su ayuda y confianza depositada en la materialización de este sueño; sin ustedes no hubiera sido posible! Para todos Abrazos de luz y Amor. Gracias, gracias y gracias.

Aliria Betancur E.

Made in the USA
Middletown, DE
05 December 2022

16048879R00080